GUÍA PARA E[L]

La **AGENDA** del *Reino*

Discipulado personal

POR TONY EVANS

Tony Evans nos enseña, en forma práctica,
cómo *La agenda del reino* nos ayuda a encontrar
nuestro llamado personal y a transformar
nuestro discipulado diario.

Vida

DEDICADOS A LA EXCELENCIA

La misión de Editorial Vida es proporcionar los recursos necesarios a fin de alcanzar a las personas para Jesucristo y ayudarlas a crecer en su fe.

LA AGENDA DEL REINO
GUÍA PARA EL ALUMNO / DISCIPULADO PERSONAL
© 2006 Editorial Vida
Miami, Florida

Publicado en inglés con el título:
THE KINGDOM AGENDA - PERSONAL DISCIPLESHIP / STUDENT JOURNAL
POR COOK COMMUNICATIONS MINISTRIES
© 2000 COOK COMMUNICATIONS MINISTRIES

Traducción: *Silvia Himitian*
Edición: *Virginia Himitian*
Diseño de interior y cubierta: *Pablo Snyder*

Reservados todos los derechos. A menos que se indique lo contrario, el texto bíblico se tomó de la Santa Biblia Nueva Versión Internacional © 1999 por la Sociedad Bíblica Internacional.

ISBN-10: 0-8297-4669-2
ISBN-13: 978-0-8297-4669-3

Categoría: *Estudios bíblicos / Estudios generales / General*

Impreso en Estados Unidos de América
Printed in the United States of America

06 07 08 09 ❖ 6 5 4 3 2 1

Índice

A PROPÓSITO, ¿QUÉ ES UN DISCÍPULO?

En Mateo 10:25 Jesús describe cómo debería ser un discípulo: «Basta con que el discípulo sea como su maestro». La palabra discípulo en sí hace referencia a alguien que «aprende». Se refiere a un estudiante que sigue las enseñanzas y los patrones de otro con tanta atención que se convierte en un «clon» del maestro, para decirlo con una expresión que usamos en estos días. También podríamos llamar discípulo a un aprendiz, o sea, a alguien que se coloca al lado de un maestro calificado en una determinada especialidad para aprenderla a fondo.

La definición misma de discipulado nos indica que no puede lograrse de una sola vez, así como un bebé no se puede convertir en adulto de la noche a la mañana. El llegar a ser discípulo implica un proceso que lleva toda la vida, pero esto no quiere decir que podemos tomarnos las cosas con demasiada calma y deslizarnos por el tiempo haciendo nada.

Puede ser que no hayamos alcanzado el desarrollo espiritual que quisiéramos, pero este año debemos estar más crecidos que el año anterior. Tenemos que avanzar en el camino más allá de lo que hemos logrado el año que pasó. Los discípulos deben crecer del mismo modo en que lo hacen los niños y llevar un registro con sus progresos.

Estimados amigos, la disposición a aprender que manifestemos con respecto a la agenda del reino de Dios ya significa dar un paso adelante hacia el logro de un mayor crecimiento espiritual. Es mi deseo que Dios use este estudio para capacitarnos e inspirarnos en nuestro caminar con él. A medida que desarrollemos nuestra vida espiritual a través de este material y lo apliquemos a las otras instituciones del reino, como la familia, la iglesia y la comunidad, descubriremos que estamos entrando en una esfera totalmente nueva de la vida espiritual y podremos apreciar la forma en que la perspectiva del reino se aplica a la totalidad de la vida.

Qué el Señor pueda usar este estudio para transformar nuestra vida y equiparnos para vivir todo el tiempo de acuerdo con la agenda del reino.

¡BIENVENIDOS A...

... un emocionante estudio acerca de los desafíos, alegrías y recompensas que presenta esta manera de vivir el reino a «toda máquina»! En las páginas que siguen, iremos descubriendo lo que significa vivir como ciudadanos del reino en nuestra familia, iglesia y comunidad. Agregado a esto, tendremos la oportunidad de encontrarnos semanalmente con otros que desean alcanzar la misma clase de vida renovada que nosotros y también de lograr la transformación de nuestras relaciones.

CÓMO USAR LA GUIA:
UNA OPORTUNIDAD DE TODOS LOS DÍAS

Debemos usar nuestra guía del alumno de *La agenda del reino* todos los días. ¡No tenemos que leerlo entero de una sola vez! Podemos abrir este libro durante nuestro tiempo de meditación del día -*de cada día*- y él nos enfocará uno de los aspectos de la agenda del reino de Dios que necesitamos conocer. Luego se nos invitará a reflexionar sobre esa verdad y otras escrituras relacionadas, y a descubrir las maneras en que los principios bíblicos se aplican a la vida cotidiana.

Al responder las preguntas que aparecen en el libro, tenemos como meta final, por supuesto, profundizar nuestra comunión con Dios. En la medida en que nos abrimos, el Señor nos va guiando a las verdades y a crecer en nuestro deseo de agradarlo en todo lo que podamos. Y a medida que nos vayamos transformando, esa renovación espiritual fluirá hacia las relaciones familiares, la comunión en la iglesia, y finalmente influirá sobre toda la comunidad que nos rodea. El tema que el Dr. Evans ha estado predicando prioritariamente durante muchos años se refiere a que la agenda del reino de Dios transformará al mundo. Pero, sin embargo, comienza por los individuos, por cada uno que se convierte en un discípulo entregado a Jesús. Y eso empieza en el dedicar tiempo todos los días para estar con él.

¿Cómo se conforma el material de esta guía? Al realizar las lecturas diarias nos encontraremos con las siguiente secciones:

- *Focalizar:* Aquí encontraremos alguna cita sustanciosa del Dr. Tony Evans que nos conducirá directamente al tema de la lectura del día.

- *Buscar nuevas perspectivas:* Estas citas más extensas tomadas del libro del Dr. Evans *La agenda del reino* logran que las verdades prácticas del reino hagan contacto con la tierra. Cada lectura va seguida de una pregunta para «reflexionar» (que nos lleva a pensar en el significado de lo que acabamos de leer) y otra que tiene que ver con «conectar» (o sea relacionar las lecturas con la vida práctica).

- *Aplicar esas perspectivas:* Aquí nos preguntamos: «¿Qué implica esto para mí en el momento presente y de cara al futuro?» La sección «¿En qué me afecta?» nos provee una pregunta para realizar una evaluación personal, o un ejercicio que haga que la lectura se vuelva lo más personal y pertinente posible.

- *Avanzar hacia un compromiso:* Se trata de un tiempo para hacer consideraciones: «¿Qué puedo hacer para responder a los desafíos de la agenda del reino?» Anotemos ideas para lograr el cambio, pero de a una por vez. También consideremos de qué maneras el grupo nos puede ayudar a mantenernos fieles a los cambios que se están produciendo en nuestro estilo de vida.

- *Examinar la Palabra:* Ya que mantenemos la Biblia a mano durante nuestro tiempo devocional, ¿por qué no reflexionar sobre las escrituras mencionadas en esta sección? Brindan apoyo a los conceptos y principios sobre los que el Dr. Evans nos enseña.

- *Tiempo de oración:* Esta sección nos proporciona el espacio para anotar nuestras cargas y pedidos de oración, y poder así llevarlos al grupo pequeño. Hagamos referencia a estas notas durante el tiempo de oración conjunta.

REUNIÓN CON OTRAS PERSONAS: UN TIEMPO DE COMUNIÓN SEMANAL

El crecimiento espiritual se produce mejor dentro de un contexto de comunión con otros creyentes que tienen la misma comprensión de las cosas. Esa es la razón por la que este curso incluye dos partes en su proceso de desarrollo: por un lado las lecturas individuales durante la semana, y por el otro una reunión con un grupo pequeño durante el fin de semana.

A través del uso de la guía del alumno de *La agenda del reino*, llevaremos a cabo las lecturas y estudios que nos prepararán para la reunión semanal con el grupo. En la guía podremos registrar nuestras percepciones y comentarios, así como anotar nuestras preguntas y pedidos de oración, a fin de poder hacer un aporte durante el encuentro. En otras palabras, a medida que anotamos nuestras respuestas y reacciones a las diversas preguntas, vamos acumulando «leña» para hacer que el debate de la reunión de nuestro grupo semanal resulte más vivo. No olvidemos llevar la guía que hemos ido completando, de manera que podamos hacer referencia a nuestros pensamientos y comunicarlos a los demás. El líder de nuestro grupo cuenta con nuestra viva participación en los debates del grupo, y espera que aportemos nuestras ideas acerca de lo que hemos aprendido a través de nuestras lecturas diarias.

Finalmente, recordemos que las lecturas obligatorias han sido adaptadas del libro del Dr. Tony Evans *The Kingdom Agenda: What a Way to Live!* [La agenda del reino: ¡Vaya Manera de Vivir!], Word Publishing, 1999. El Dr. Evans es un pastor reconocido y amado, y también un ministro radial lleno de una profunda pasión por la iglesia. Él anhela ver una transformación en toda la sociedad. Pero sabe que solo puede comenzar a través de los individuos, a partir del compromiso renovado de cada creyente a vivir diariamente sabiendo que «Dios está en control». Si esto refleja tu mismo deseo, ¡adelante con la lectura!

¿SOMOS DISCÍPULOS DEL REINO?

1

DÍA 1: ¡CULTIVEMOS UNA MENTALIDAD DEL REINO!

Antes de comenzar, pensemos...
- ¿Cuáles son mis expectativas de aprendizaje para esta semana de estudio?
- ¿Estoy abierto a adquirir nuevas perspectivas y permitirle a Dios que me conduzca hacia nuevas actitudes y conductas?

FOCALIZAR

¿Si yo te pidiese que me dijeras quién eres sin mencionar tu nombre, tu ocupación, el título que te habilita laboralmente, o cualquier otro dato semejante, cómo me responderías?　　　—Dr. Tony Evans

- *¿Cuál es la primera cosa que generalmente le dices a la gente cuando te preguntan quién eres?*
- *¿Hasta qué punto tu ocupación, familia y logros llegan a «definirte»?*

BUSCAR NUEVAS PERSPECTIVAS

La forma en que respondemos a la pregunta acerca de quiénes somos dice mucho sobre uno. Y nos permite saber si realmente tenemos una idea clara al respecto. En la Biblia, las personas que se acercaron a Cristo y mostraron absoluta seriedad en cuanto a seguirlo adquirieron una identidad incuestionable al convertirse en gente del reino.

Los primeros discípulos se hicieron conocidos aún entre los no creyentes como la gente «del Camino» (ver Hechos 19:9), a causa de que habían elegido andar por una senda diferente en su vida. Vivían para el reino, y su identidad estaba ligada al reino.

La gran tragedia de nuestros días es que no hay demasiados cristianos que sepan quiénes son. Pueden ser creyentes genuinos, pero su fe constituye un elemento más de su legajo. En un balance final, se definen a ellos mismos en relación a su nombre, a su trabajo, a sus posesiones, o por la gente que conocen.

Si alguna vez te preguntaron quién eras y en ningún punto de la conversación apareció el nombre de Dios y su reino, tú eres un cristiano confundido al que le falta claridad. Como miembros del reino, nuestra identidad está ligada a Cristo y se resume en él. No deberíamos encontrar manera de hablar sobre nosotros mismos sin hablar de él.

Dicho de otro modo, para nosotros el término cristiano no es simplemente un título. Es nuestra manera de identificarnos, del mismo modo en que nuestro nombre lo es. Ser seguidores de Cristo constituye la esencia de lo que somos.

Esa es la razón por la que tenemos que entender y cultivar una mentalidad del reino y su correspondiente agenda. Por eso debemos convertirnos en hombres y mujeres del Rey, maduros y en pleno funcionamiento. Y el proceso a través del que lo logramos se denomina discipulado.

—Dr. Tony Evans, *La agenda del reino*

Reflexionar: ¿Qué significa que nuestra esencia tenga que ver con el ser «seguidores de Cristo»?

Conectar: ¿Alguna vez te identificaste como cristiano aunque eso te costara sufrir algún tipo de pérdida? ¿Te resultó difícil?

APLICAR ESAS PERSPECTIVAS
¿En qué me afecta?: En lo que hace al discipulado, lo que más necesito es...

___alguien que me enseñe, me capacite y me discipule.

___encontrar alguien a quien poder enseñar, capacitar y discipular.

- *¿Qué otras perspectivas hacen aflorar en mí estos pensamientos? ¿Tengo alguna pregunta más con respecto a lo dicho por el Dr. Evans? ¿Se me ocurre alguna otra idea en cuanto a la aplicación personal?*

AVANZAR HACIA UN COMPROMISO
- *Una de las cosas que necesito para poder desarrollar una actitud semejante a la de Cristo es:*

- *Un primer paso a dar sería:*

- *Para alcanzar una mayor transparencia con el grupo, lo más importante que debería transmitirle es:*

EXAMINAR LA PALABRA
Asegurémonos de analizar aquellas escrituras que se relacionan con «una mentalidad del reino»:
- Filipenses 2:5-11
- Santiago 1:5-8
- 2 Pedro 1:2-11

TIEMPO DE ORACIÓN
Amado Señor, ¡muéstrame lo que significa definirme a mí mismo a través de TU nombre en el momento presente! **Específicamente te pido que:**

DÍA 2: DEFINICIÓN DE LO QUE ES EL DISCIPULADO

Antes de comenzar, pensemos...
- *¿De qué manera las enseñanzas de ayer afectaron mis actitudes y conducta durante el día?*
- *¿Qué me gustaría hacer de «otra manera» en el futuro?*

FOCALIZAR

El granjero le dijo a su muchacho: «Ahora, hijo, quiero que ares un surco derecho de un extremo al otro de este campo. Solo debes fijar tus ojos en esa vaca y arar derecho hacia ella. Todo saldrá bien».

El granjero regresó aproximadamente una hora después y vio surcos en todas direcciones. «Hijo, ¿qué es lo que sucedió?»

«Papá, ¡esa vaca loca no paró de moverse!»

En realidad, no conozco ningún granjero que le aconseje a su hijo arar usando como referencia un objeto móvil. Pero la ilustración sirve: Cuando enfocamos nuestra vida hacia puntos de referencia equivocados, andamos deambulando de un lado al otro.

—Dr. Tony Evans

- *¿Qué metas te has puesto como derroteros durante el último año?*
- *¿Has trazado «surcos» rectos en dirección a esas metas?*

BUSCAR NUEVAS PERSPECTIVAS

Comencemos con una definición. Cuando hablamos sobre el discipulado en el reino, hablamos del proceso a través del que colocamos la vida entera bajo el señorío de Jesucristo. La meta es ser conformados según nuestro Salvador, ser transformados a la imagen y semejanza de Cristo (ver Romanos 8:29).

Un pastor amigo mío visitó hace poco una ciudad universitaria. Él no sabía que mi hijo, Anthony Jr., estudiaba allí. Me dijo que al atravesar la ciudad universitaria vio un joven a la distancia.

Señaló que al mirarlo detuvo de pronto su marcha. «Ese muchacho tiene que ser hijo de Tony Evans », se dijo. «Tiene la misma apariencia de Tony, su contexto, y hasta camina como él ».

Tenía razón, por supuesto. El joven que acababa de ver era Anthony Jr.. Las características físicas de mi hijo resultaban tan obviamente parecidas a las mías que mi amigo lo reconoció aun a la distancia, y señaló: «No sabía que Anthony ya estuviera en la universidad. Pero estaba seguro de que nadie podía parecerse tanto a ti sin pertenecerte ».

Permítanme decirles que la gente debería poder afirmar acerca de nosotros, aun al vernos de lejos, «esa persona tiene que ser un seguidor de Cristo ». Deberían poder reconocer por nuestra manera de hablar, de caminar y por la orientación total de nuestra vida que pertenecemos a Cristo, ya que nadie podría funcionar de la manera en que lo hacemos a menos que lo conociera.

Ese parecido familiar con él debería resultar obvio. Tendría que notarse con claridad dondequiera que estuviésemos. Eso es el discipulado. Significa dar forma a nuestra vida tomando como modelo a Cristo, seguirlo tan de cerca que podamos hablar, actuar y pensar como él.

—Dr. Tony Evans, *La agenda del reino*

Reflexionar: En concreto, ¿qué tipo de «parecido familiar» con Cristo debería mostrar un cristiano?

Conectar: ¿Alguna vez sentiste que estabas reflejando la «apariencia» de Cristo a través de tus acciones? ¿Cómo respondió la gente ante eso?

APLICAR ESAS PERSPECTIVAS

¿En qué me afecta?: ¿Cuán bien tiene que conocerme alguien para darse cuenta de que soy un discípulo de Cristo?

- *¿Qué otras perspectivas hacen aflorar en mí estos pensamientos? ¿Tengo alguna pregunta más con respecto a lo dicho por el Dr. Evans? ¿Se me ocurre alguna otra idea en cuanto a la aplicación personal?*

AVANZAR HACIA UN COMPROMISO

- *Una de las cosas que necesito para madurar y poder actuar como Cristo es:*

- *Un primer paso a dar sería:*

- *Para alcanzar una mayor transparencia con el grupo, lo más importante que debería transmitirle es:*

EXAMINAR LA PALABRA

Asegurémonos de analizar aquellas escrituras que se relacionan con nuestra definición como discípulos.

- Mateo 10:16-26
- Lucas 14:16-27
- Romanos 8:28-30

TIEMPO DE ORACIÓN

Amado Señor, dame el valor para ser un «pequeño Cristo» en mi propio mundo hoy. **Específicamente te pido que:**

DÍA 3: UN PROCESO DE CRECIMIENTO ESPIRITUAL

Antes de comenzar, pensemos...
- *¿De qué manera las enseñanzas de ayer afectaron mis actitudes y conducta durante el día?*
- *¿Qué me gustaría hacer de «otra manera» en el futuro?*

FOCALIZAR

El discipulado tiene que ver con un proceso, y la *fórmula* para lograr un crecimiento espiritual resulta simple: *distancia es igual a velocidad por tiempo*. La velocidad en que nos movamos a partir del momento en que hemos sido salvos determinará la distancia espiritual que lleguemos a recorrer. Es posible contar con cristianos espiritualmente maduros en cinco años, que demuestren ser mejores discípulos que otros que han sido cristianos durante veinticinco. Eso se debe a que han andado a un paso más ligero que los otros a partir de su conversión.

—Dr. Tony Evans

- *¿Por cuánto tiempo has sido cristiano? ¿Cuánto has crecido en Cristo?*
- *¿Qué señales de inmadurez espiritual ves en ti mismo?*

BUSCAR NUEVAS PERSPECTIVAS

El proceso de crecimiento espiritual se da de adentro hacia afuera (ver 1 Tesalonicenses 5:23). Cuando el Espíritu Santo reviste de poder al espíritu humano, el espíritu humano transforma el alma (la personalidad). El alma transformada entonces transforma la actividad del cuerpo, y de esta manera conforma la conducta de la persona a la imagen de Cristo, lo que constituye la esencia del discipulado.

Por esta razón se hace tanto énfasis en la necesidad de permanecer en Cristo. Al mantener una intimidad con Cristo, el proceso de transformación se pone en marcha y se intensifica. Dios nos ha provisto cuatro recursos clave que nos ayudan en este proceso. *Las Escrituras*, que nos proporcionan la verdad objetiva y autorizada para determinar nuestras manera de tomar decisiones y elegir. El *Espíritu Santo* que reviste a los cristianos de poder para hacer frente a las demandas de las Escrituras cuando ellos viven «bajo su influencia», o sea, llenos del Espíritu (ver Efesios 5:18). Esto se logra cuando hacemos de la adoración un estilo de vida y no simplemente un acontecimiento puntual (ver versículos 19-21).

Entonces Dios usa las *pruebas* para revelar nuestros puntos fuertes y débiles de modo de que podamos ver con claridad cuáles son las áreas en las que todavía necesitamos trabajar. Las dificultades, aunque dolorosas, son como el bisturí de un buen cirujano: siempre tienen la intención de hacernos bien (ver Santiago 1:2-5). Y, finalmente, Dios usa nuestras relaciones, de modo que el fuego espiritual de otros nos mantenga ardiendo para que el proceso del discipulado continúe en marcha.

El resultado que produce esta provisión divina es transformarnos a la imagen de Cristo; podemos percibir esto a través del fruto del Espíritu que se aprecia en la vida de cada discípulo (ver Gálatas 5:16-25), y también por la nueva capacidad que adquirimos para descubrir y comprender la voluntad de Dios, lo que nos permite cumplir con la agenda del reino. El discipulado debe darse dentro del contexto primario de la iglesia local.

—Dr. Tony Evans, *La agenda del reino*

Reflexionar: ¿Por qué resulta importante visualizar el discipulado como un *proceso* en marcha?

Conectar: ¿Cómo podemos saber si nos estamos transformando a la imagen de Jesús?

APLICAR ESAS PERSPECTIVAS

¿En qué me afecta?: De entre los cuatro recursos que Dios me provee para lograr un crecimiento espiritual, necesito depender más de:

___las enseñanzas de las Escrituras.

___la guía y el poder del Espíritu Santo.

___el aprendizaje que me proveen las pruebas y dificultades.

___las relaciones de comunión cristiana que Dios me ha proporcionado.

• *¿Qué otras perspectivas hacen aflorar en mí estos pensamientos? ¿Tengo alguna pregunta más con respecto a lo dicho por el Dr. Evans? ¿Se me ocurre alguna otra idea en cuanto a la aplicación personal?*

AVANZAR HACIA UN COMPROMISO

- *Una de las cosas que necesito para poder avanzar más rápidamente en el discipulado es:*

- *Un primer paso a dar sería:*

- *Para alcanzar una mayor transparencia con el grupo, lo más importante que debería transmitirle es:*

EXAMINAR LA PALABRA

Asegurémonos de analizar aquellas escrituras que se relacionan con el proceso del crecimiento espiritual:
- Mateo 7:24-27
- Gálatas 5:16-25
- Apocalipsis 7:9-17

TIEMPO DE ORACIÓN

Amado Señor, dame el valor de aprender a crecer cuando paso por tiempos difíciles. **Específicamente te pido que:**

DÍA 4: ENTRAR EN LOS DOMINIOS DEL DISCIPULADO

Antes de comenzar, pensemos...
- *¿De qué manera las enseñanzas de ayer han afectado mis actitudes y conducta durante el día?*
- *¿Qué me gustaría hacer diferente en el futuro?*

FOCALIZAR

¿Qué pensaría la gente si algún norteamericano dijera: «No voy a cantar el himno nacional ni a recitar el voto de lealtad a la nación»? Creo que la mayoría diría que esa persona debería marcharse a otro país. Cada día, cuando nos despertamos, deberíamos decir: «Hago votos de lealtad a Cristo y a la cruz en la que él murió para perdonar mis pecados». Nuestra lealtad debe ser para con el reino de Dios.

—Dr. Tony Evans

- *¿Cuál es tu actitud habitual al despertar cada día?*
- *¿Cómo te impacta la idea de hacerle «votos de lealtad» a Dios?*

BUSCAR NUEVAS PERSPECTIVAS

Juan 3 nos cuenta una historia conocida, la de Nicodemo, a quién podríamos definir como una persona modelo. Era judío y fariseo, pero tenía un nombre griego. En la cultura de ese entonces, ponerle a un niño judío un nombre griego indicaba que sus padres pertenecían a un nivel alto dentro de la sociedad y que se trataba de gente culta.

Por lo tanto, Nicodemo debía ser rico y culto. Como fariseo, también estaba en el nivel más alto de la esfera religiosa. Nicodemo lo tenía todo, y sin embargo Jesús le dijo que tenía que nacer de nuevo (Juan 3:7).

Entrar al reino de Dios no tiene nada que ver con la zona de la ciudad en la que vivamos o con la frecuencia con que asistamos a la iglesia. Requiere de un nuevo nacimiento espiritual. Es la única manera de obtener un pasaporte para entrar al reino. Este renacimiento espiritual se produce al colocar nuestra fe solo en la persona de Cristo como aquel que llevó nuestros pecados a través de su muerte sustitutiva en la cruz y de su resurrección victoriosa de entre los muertos (ver Romanos 10:9-10).

Cuando viajamos, llevamos un pasaporte que nos da acceso a otras naciones. Si hemos nacido «de lo alto» (Esta es una mejor traducción que «de nuevo») por nuestra fe personal en la obra acabada de Jesucristo, entonces nuestros pecados han sido perdonados y Dios nos da un pasaporte para entrar a su reino.

Este pasaporte es la sangre de Jesús, y es ella la que nos introduce a sus dominios. ¿Qué características tiene ese lugar? Romanos 14:17 dice que el reino de Dios no consiste en comida ni en bebida sino en «justicia, paz y alegría en el Espíritu Santo». Se trata de una esfera espiritual.

Pablo nos dice que ahora somos ciudadanos de otro reino, que le pertenece a otro Rey (ver Filipenses 3:20; 1 Timoteo 1:17). Nuestro primer compromiso no es con el sistema de este mundo que saca del medio a Dios. Nuestro primer compromiso y nuestra lealtad deben ser con el reino de Dios.

—Dr. Tony Evans, *La agenda del reino*

Reflexionar: ¿Cómo definirías el segundo nacimiento?

Conectar: ¿Has nacido de nuevo? ¿Cómo lo sabes?

APLICAR ESAS PERSPECTIVAS

¿En qué me afecta?: ¿Cuál es el cambio más significativo que se ha producido en mi vida desde que nací de nuevo?

- *¿Qué otras perspectivas hacen aflorar en mí estos pensamientos? ¿Tengo alguna pregunta más con respecto a lo dicho por el Dr. Evans? ¿Se me ocurre alguna otra idea en cuanto a la aplicación personal?*

AVANZAR HACIA UN COMPROMISO

- *Una de las cosas que necesito para poder crecer en mi aprecio por la salvación que Dios me ha concedido es:*

- *Un primer paso a dar sería:*

- *Para alcanzar una mayor transparencia con el grupo, lo más importante que debería transmitirle es:*

EXAMINAR LA PALABRA

Asegurémonos de analizar aquellas escrituras que se relacionan con el segundo nacimiento:
- Números 21:5-9
- Juan 3:1-17
- Tito 3:3-7

TIEMPO DE ORACIÓN

Amado Señor: ¡llena mi corazón de gratitud por tu gran obra de salvación! Y ayúdame también a contarles a otros acerca de ella.
Específicamente te pido que:

DÍA 5: COMPROMISO CON EL REINO

Antes de comenzar, pensemos...

* *¿De qué manera las enseñanzas de ayer afectaron mis actitudes y conducta durante el día?*
* *¿Qué me gustaría hacer de «otra manera» en el futuro?*

FOCALIZAR

Yo ya no asisto a espectáculos de carácter secundario, porque no valen el precio de la entrada. Usan espejos para hacer que los cocodrilos parezcan más grandes, y lo que llaman «mitad hombre y mitad animal» es simplemente alguien vestido con un disfraz estrafalario.
Se parecen al sistema del mundo. Prometen un gran espectáculo, pero luego de echarles una mirada, nos damos cuenta de que nada es lo que se anunciaba.

—Dr. Tony Evans

* *¿Cuándo te sentiste más decepcionado por una promesa no cumplida?*
* *¿Cuál es la mayor promesa que el mundo te ha ofrecido en este último tiempo?*

BUSCAR NUEVAS PERSPECTIVAS

Cierta vez un hombre se perdió en el desierto. Tenía la garganta reseca, y sabía que no viviría mucho más si no encontraba agua.

Entonces llegó a una vieja chocita que tenía una bomba de agua adentro y una jarra de agua colocada al lado. Estiró la mano para tomar un sorbo de agua y encontró esta nota sobre la jarra: «La bomba puede darte toda el agua que necesitas. Pero para iniciar su funcionamiento necesitas verter sobre ella toda el agua de la jarra».

Comenzó a analizar sus opciones. «Supongamos que yo vierto toda el agua sobre la bomba y no sucede nada. ¡No solo perderé el agua; puedo perder mi vida.

«Por el otro lado, si hubiera una fuente debajo de esa bomba y yo usara el agua para hacerla funcionar, luego obtendría toda el agua que necesito».

El dilema que enfrentaba este hombre sediento es el mismo con el que nos encontramos nosotros como discípulos. ¿Tomamos todo lo que podemos ahora porque puede ser que no quede mucho después? ¿O renunciaremos a lo que podamos obtener ahora en favor de todo lo que habrá a nuestro alcance si nos disponemos a correr el riesgo de entregarnos a Cristo?

El hombre lo pensó por un momento y luego decidió asumir el riesgo.

Vertió el contenido de la jarra sobre la bomba y empezó a bombear. El sudor comenzó a brotar de su frente cuando notó que en un principio no sucedía nada.

Pero a medida que continuaba bombeando, aparecieron primero algunas pocas gotas de agua y luego un gran chorro. Bebió todo lo que quiso, se dio un baño, y luego llenó todos los recipientes que pudo encontrar en la choza.

A causa de que estuvo dispuesto a renunciar a una satisfacción instantánea, el hombre obtuvo toda el agua que necesitaba. Pero la nota también decía: «Luego que haya acabado, por favor, vuelva a llenar la jarra para el próximo viajero». El hombre llenó la jarra y agregó a la nota: «Por favor, póngale el agua a la bomba. ¡Créame que funciona!»

—Dr. Tony Evans, *La agenda del reino*

Reflexionar: ¿Cuál es el punto central de la historia referida a la bomba?

Conectar: ¿En alguna ocasión tuviste que comprometerte en algo riesgoso? ¿Cómo te fue? ¿Dónde estuvo Dios en todo ese asunto?

APLICAR ESAS PERSPECTIVAS
¿En qué me afecta?: En lo más profundo de mi ser yo creo que si comienzo a marchar en un compromiso de fe…

___recibiré bendiciones que van más allá de lo imaginable.
___seguiré teniendo problemas, pero el corazón en paz.
___probablemente pase por momentos aun más difíciles en mi vida.
___es posible que acabe seriamente desilusionado.

- *¿Qué otras perspectivas hacen aflorar en mí estos pensamientos? ¿Tengo alguna pregunta más con respecto a lo dicho por el Dr. Evans? ¿Se me ocurre alguna otra idea en cuanto a la aplicación personal?*

AVANZAR HACIA UN COMPROMISO

- *Una de las cosas que necesito para poder fortalecer mi compromiso con Jesús es:*

- *Para alcanzar una mayor transparencia con el grupo, lo más importante que debería transmitirle es:*

EXAMINAR LA PALABRA

Asegurémonos de analizar aquellas escrituras que se relacionan con asumir el compromiso:
- Mateo 16:24-25
- Mateo 19:16-26
- 1 Juan 2:15-16

TIEMPO DE ORACIÓN

Amado Señor: ¡dame la sabiduría para dejar de lado la gratificación instantánea de hoy en espera de tu recompensa a largo plazo!
Específicamente te pido que:

LA DISCIPLINA
DE UN DISCÍPULO

2

DÍA 1: ¡SÍ, DIJE «DISCIPLINA»!

Antes de comenzar, pensemos...
- *¿Cuáles son mis expectativas de aprendizaje para esta semana de estudio?*
- *¿Estoy abierto a adquirir nuevas perspectivas y permitirle a Dios que me conduzca hacia nuevas actitudes y conductas?*

FOCALIZAR

Seguir a Jesucristo y su agenda del reino no solo nos introduce a una nueva esfera, sino que nos lleva a un nuevo programa de disciplina. Existe una disciplina para discipular si queremos recibir todos los beneficios del reino. —Dr. Tony Evans

- *¿Qué sentimientos o imágenes te surgen al escuchar la palabra «disciplina»?*
- *¿Hasta qué punto eres disciplinado?*

BUSCAR NUEVAS PERSPECTIVAS

El apóstol Pablo le advirtió a Timoteo:

> *Rechaza las leyendas profanas y otros mitos semejantes. Más bien, ejercítate en la piedad, pues aunque el ejercicio físico trae algún provecho, la piedad es útil para todo, ya que incluye una promesa no solo para la vida presente sino también para la venidera (1 Timoteo 4:7-8).*

Resulta obvio decir que si no nos ejercitamos espiritualmente no vamos a adquirir un estado espiritual muy bueno que digamos. Muchos de nosotros dedicamos una hora por día a hacer ejercicios y transpirar en beneficio de nuestro cuerpo, pero no estamos dispuestos a transpirar por el reino.

Ni bien el reino hace aparecer una pequeña gota de sudor en nuestra frente, decimos: «el cristianismo es demasiado demandante». Por supuesto que es difícil. No fue planeado para ser fácil.

Pero permítanme decirles que si sudamos por un buen tiempo en forma regular vamos a desarrollar una energía espiritual que no teníamos previamente. Y estaremos en mejores condiciones que nunca. Se nos va a ver mucho mejor espiritualmente porque al ejercitarnos, esa energía quema las grasas y tonifica los músculos.

Pero esto no sucede por osmosis. Se produce por una disciplina que transforma tanto la vida presente como la por venir. Resulta más importante que los hombres lean la Biblia que la página de deportes. Es más trascendental doblar las rodillas que golpear pelotitas de golf. Es más importante para una mujer entrar a la presencia de Dios que ir al centro comercial. Pero implica disciplina. Tiene que ver con decirle sí a lo correcto y no a lo erróneo.

Por supuesto, hay mucha gente que dice: «¡Lo he intentado, pero no funcionó!», o «No soy una persona disciplinada», o «Quiero, pero no sé cómo hacerlo».

Pero, ¿qué decimos nosotros?

—Dr. Tony Evans, *La agenda del reino*

Reflexionar: ¿Qué piensas que significa «transpirar por el reino»?

Conectar: ¿Qué formas de disciplina espiritual practicas regularmente?

APLICAR ESAS PERSPECTIVAS
¿En qué me afecta?: Todo lo que he «sudado» por Cristo hasta aquí puede…
___llenar un dedal.
___llenar un balde
___llenar un tambor de 50 litros.
___llenar un lago.

Una de las principales formas en que he sudado es…

• *¿Qué otras perspectivas hacen aflorar en mí estos pensamientos? ¿Tengo alguna pregunta más con respecto a lo dicho por el Dr. Evans? ¿Se me ocurre alguna otra idea en cuanto a la aplicación personal?*

AVANZAR HACIA UN COMPROMISO
- *Una de las cosas que necesito para crecer en el área de la disciplina espiritual es:*

- *Un primer paso a dar sería:*

- *Para alcanzar una mayor transparencia con el grupo, lo más importante que debería transmitirle es:*

EXAMINAR LA PALABRA
Asegurémonos de analizar aquellas escrituras que se relacionan con la disciplina espiritual:
- Salmo 119:1-5
- 1 Corintios 9:24-27
- 2 Timoteo 2:1-26

TIEMPO DE ORACIÓN
Amado Señor, ayúdame a depender más de ti (y menos de mi fuerza de voluntad) para desarrollar disciplina en mi vida. **Específicamente te pido que:**

DÍA 2: ES ABSOLUTAMENTE DE ARRIBA

Antes de comenzar, pensemos...

- *¿De qué manera las enseñanzas de ayer han afectado mis actitudes y acciones a través de todo el día?*
- *¿Qué me gustaría hacer de «otra manera» en el futuro?*

FOCALIZAR

El Espíritu Santo es una «batería» instalada en nuestro interior que nos reviste de poder y nos permite convertirnos en aquello para lo que Dios nos ha salvado. La misma presencia del Espíritu dentro de nosotros constituye una maravillosa provisión y una expresión de la gracia.
                                                        —Dr. Tony Evans

- *¿De qué modo el Espíritu se constituye en una expresión de la gracia de Dios?*
- *¿Qué diferencia hay entre depender del poder del Espíritu y depender de nuestra fuerza de voluntad?*

BUSCAR NUEVAS PERSPECTIVAS

Si alguna vez has dicho alguna de estas cosas: «¡Lo he intentado, pero no funcionó!», o «No soy una persona disciplinada», o «Quiero, pero no sé cómo hacerlo», podemos ayudarte ya mismo. Consideremos las escrituras de Tito 2:11-13:

> *En verdad, Dios ha manifestado a toda la humanidad su gracia, la cual trae salvación y nos enseña a rechazar la impiedad y las pasiones mundanas. Así podremos vivir en este mundo con justicia, piedad y dominio propio, mientras aguardamos la bendita esperanza, es decir la gloriosa venida de nuestro gran Dios y Salvador Jesucristo.*

Quiero transmitirles aquí un principio espiritual que la gente de mi iglesia encuentra transformador, una vez que uno lo descubre. Es éste: La disciplina espiritual se construye dentro de la gracia de Dios.

La definición básica de lo que es la gracia de Dios se puede resumir así: su favor inmerecido hacia nosotros. Dios hace por nosotros lo que nunca podríamos realizar por nosotros mismos. Pablo señala que la gracia de Dios se «ha manifestado». Eso significa que está aquí. Así que si alguien dice: «Yo no soy una persona disciplinada», está bien; la gracia se hace cargo de eso. La gracia nos provee la disciplina que necesitamos.

¿Nos damos cuenta de cómo funciona la cosa? Junto con su gracia, él nos proporciona todo lo que nos hace falta para poder llegar hasta donde él quiere llevarnos. Dios ya ha tomado en cuenta las limitaciones de nuestra humanidad al proveernos la gracia que necesitamos. Él conoce nuestras debilidades y las ha calculado dentro del paquete. *Nosotros* sí podemos disciplinarnos.

Así que cuando decimos: «No puedo», Dios nos responde: «Te he proporcionado por mi gracia una provisión de fortaleza espiritual que te permita decir que no al pecado y la injusticia y si a la rectitud». Así que nunca podemos decir que *no podemos*, porque contamos con la gracia. Es tarea del Espíritu Santo intervenir para concedernos la medida de gracia que necesitamos para avanzar hacia la madurez espiritual cuando vivimos en dependencia de Dios. Así que… ¡no tenemos excusa!

—Dr. Tony Evans, *La agenda del reino*

Reflexionar: ¿Por qué nos resulta tan difícil decir que «no» al pecado a veces?

Conectar: ¿Qué debilidad en particular Dios ha hecho evidente en tu vida? ¿Cómo te ayuda el Espíritu Santo al respecto?

APLICAR ESAS PERSPECTIVAS

¿En qué me afecta?: ¿Cuándo fue la última vez que usé la «batería » que Dios ha instalado en mi interior? ¿De qué manera se manifestó el Espíritu Santo en mi favor?

- *¿Qué otras perspectivas hacen aflorar en mí estos pensamientos? ¿Tengo alguna pregunta más con respecto a lo dicho por el Dr. Evans? ¿Se me ocurre alguna otra idea en cuanto a la aplicación personal?*

AVANZAR HACIA UN COMPROMISO

- *Una de las cosas que necesito para poder confiar en el Espíritu en una medida mayor es:*

- *Un primer paso a dar sería:*

- *Para alcanzar una mayor transparencia con el grupo, lo más importante que debería transmitirle es:*

EXAMINAR LA PALABRA

Asegurémonos de analizar aquellas escrituras que se relacionan con depender de la gracia y fortaleza de Dios:

- Isaías 40:30-31
- Juan 14:16-27
- 2 Corintios 12:7-10

TIEMPO DE ORACIÓN

Amado Señor, ayúdame a dejar de lado mi propia fuerza de voluntad de modo que pueda depender más de tu poder. **Específicamente te pido que:**

DÍA 3: SEGUIR A UNA PERSONA

Antes de comenzar, pensemos...
- *¿De qué manera las enseñanzas de ayer afectaron mis actitudes y conducta durante el día?*
- *¿Qué me gustaría hacer de «otra manera» en el futuro?*

FOCALIZAR

Si nos preguntamos por qué tantos cristianos continúan diciéndole que sí al pecado aún cuando Dios les ha provisto su gracia abundantemente, permítanme sugerir una respuesta: La razón por la que muchos creyentes deben esforzarse tanto por lograr una disciplina espiritual es porque intentan llevar adelante un *programa* en lugar de seguir a una *Persona*. —Dr. Tony Evans

- *¿Qué hace falta para poder aprovechar bien la gracia de Dios?*
- *¿Qué área de la disciplina espiritual me demanda más esfuerzo?*

BUSCAR NUEVAS PERSPECTIVAS

Cuando leemos la Biblia y oramos porque eso es lo que se supone que haga un buen cristiano, simplemente cumplimos con un programa. Pero Jesús no murió por un programa; tampoco nuestro Salvador es un programa. Consideremos Tito 2:13. Lo que debemos buscar es que Cristo esté presente en la situación, y no simplemente cumplir con un programa.

No hace mucho me crucé en nuestra congregación con una mujer que ha estado permanentemente a dieta. Muchos de nosotros sabemos lo que es eso. Ella ha probado distintos programas de adelgazamiento. Algunos le resultaron durante un tiempo; pero luego abandonaba la disciplina y perdía el entusiasmo.

Pero la última vez que la ví, había bajado mucho de peso. Se veía muy bien. Le dije: «¿Chica, qué te ha pasado? Debes haber encontrado la dieta justa».

«No», me dijo, «encontré un muchacho. Comenzamos a salir y me enamoré. Y con todo amor él me dijo: «Creo que deberías adelgazar algunos kilos ».

«¡Descubrí una fuerza que nunca había tenido antes! No importa el tipo de dieta que tenga que usar, porque hay alguien en mi vida al que quiero agradar. Puedo privarme de cualquier comida ahora. Burger King puede ofrecerme todo lo que me gusta, pero ya no lo quiero. ¡Deseo verme bien para mi novio!»

Cuando uno ama apasionadamente a una persona, no se preocupa por los programas. No vamos a leer la Biblia porque «un versículo al día mantiene alejado al diablo», sino porque queremos encontrarnos con su Autor. No nos vamos a arrodillar porque los buenos cristianos suelen orar, sino porque deseamos hablar con nuestro divino Amado.

Sigamos a Cristo porque es la persona a la que amamos, y descubriremos que la gracia de Dios nos da el poder para llevar a cabo el programa de Dios. —Dr. Tony Evans, *La agenda del reino*

Reflexionar: ¿Cuál es la diferencia principal entre llevar a cabo un programa y seguir a una persona?

Conectar: ¿Cómo podemos determinar si nos estamos enfocando demasiado en un programa (de modo que nuestra comunión con Jesús comience a deteriorarse)?

APLICAR ESAS PERSPECTIVAS

¿En qué me afecta?: Si yo siguiera a Cristo de una manera más cercana, mi vida probablemente cambiaría en estas áreas específicas:

1.

2.

3.

- *¿Qué otras perspectivas hacen aflorar en mí estos pensamientos? ¿Tengo alguna pregunta más con respecto a lo dicho por el Dr. Evans? ¿Se me ocurre alguna otra idea en cuanto a la aplicación personal?*

AVANZAR HACIA UN COMPROMISO

- *Una de las cosas que necesito para no concentrarme tanto en los programas es:*

- *Un primer paso a dar sería:*

- *Para alcanzar una mayor transparencia con el grupo, lo más importante que debería transmitirle es:*

EXAMINAR LA PALABRA

Asegurémonos de analizar aquellas escrituras que se relacionan con «seguir a la persona de Cristo»:
- Mateo 9:20-22
- Lucas 10:38-42
- Juan 12:1-8

TIEMPO DE ORACIÓN

Amado Señor, ayúdame a no sustituir con muchas actividades (aun las de la iglesia) mi relación contigo. **Específicamente te pido que:**

DÍA 4: LAS DEMANDAS DEL DISCIPULADO

Antes de comenzar, pensemos...
- *¿De qué manera las enseñanzas de ayer afectaron mis actitudes y conducta durante el día?*
- *¿Qué me gustaría hacer de «otra manera» en el futuro?*

FOCALIZAR

Se cuenta la historia de un granjero que puso un aviso en la sección *clasificados* de un periódico. Decía: «Granjero poseedor de 160 acres de tierra bien irrigada desea contraer matrimonio con una hermosa mujer que posea un tractor. Al responder a este aviso, por favor, incluya una fotografía del tractor». Este granjero no buscaba una esposa a la que amar, sino una que le resultara útil.

—Dr. Tony Evans

- *¿Qué significa «usar» a una persona?*
- *¿Qué sería intentar «usar» a Dios?*

BUSCAR NUEVAS PERSPECTIVAS

Algunos cristianos solo aman a Cristo por lo que él puede darles.

Pero Jesús dice en Apocalipsis 3:20 que él está a la puerta y llama y que si le abrimos la *puerta* él entrará y tendrá comunión con nosotros. Jesús no quiere que busquemos que él venga a nuestra vida solo porque hemos visto la fotografía de su *tractor*. Desea que lo amemos porque deseamos *casarnos* con él.

El Señor dijo en Mateo 6:33: «Busquen primeramente el reino de Dios y su justicia, y todas estas cosas les serán añadidas». El Cristo resucitado advirtió a la iglesia en Éfeso: «Sin embargo, tengo en tu contra que has abandonado tu primer amor» (Apocalipsis 2:4). Esa es la clase de relación y de comunión íntima que Jesús quiere mantener con nosotros; tenemos que preguntarnos qué es necesario para que eso se convierta en realidad.

Pablo responde a esa pregunta en Colosenses 1:18, al decir: «Él es el principio, el primogénito de la resurrección, para ser en todo el primero». ¿Qué demanda Dios de nosotros para considerarnos discípulos del reino? Exige que le concedamos el primer lugar en todo. No el segundo, no un tercero cercano, sino el primero.

Dentro del pueblo de Dios hay mucha gente espiritualmente anémica porque Cristo no ocupa el primer lugar en sus vidas. Lo acomodan en algún lugar cuando tienen tiempo. Si les quedan algunas horas el domingo o un poco de dinero al finalizar el mes, o cualquier otra cosa, le dan una parte a él.

Pero si Cristo no es lo primero en nuestra vida, lo perdemos en términos de una comunión íntima. No alcanzaremos la victoria que él nos puede dar, o el poder que nos ofrece, a menos que ocupe el primer lugar.

—Dr. Tony Evans, *La agenda del reino*

Reflexionar: Describe cómo es la vida de una persona que le ha dado a Cristo el «primer lugar en todas las cosas».

Conectar: ¿En qué áreas de mi vida tiene Cristo el primer lugar?

APLICAR ESAS PERSPECTIVAS

¿En qué me afecta?: Mis metas actuales son las siguientes:

Meta 1:_____

Meta 2:_____

Meta 3:_____

Meta 4:_____

Meta 5:_____

- *¿Qué otras perspectivas hacen aflorar en mí estos pensamientos? ¿Tengo alguna pregunta más con respecto a lo dicho por el Dr. Evans? ¿Se me ocurre alguna otra idea en cuanto a la aplicación personal?*

AVANZAR HACIA UN COMPROMISO

- *Una de las cosas que necesito para asegurarme de que mis metas y prioridades hayan sido determinadas poniendo a Cristo en primer lugar es:*

- *Un primer paso a dar sería:*

- *Para alcanzar una mayor transparencia con el grupo, lo más importante que debería transmitirle es:*

EXAMINAR LA PALABRA

Asegurémonos de analizar aquellas escrituras que se relacionan con poner a Cristo en primer lugar:
- Lucas 9:57-62
- Lucas 17:12-19
- Filipenses 1:21

TIEMPO DE ORACIÓN

Amado Señor, ¡quiero que ocupes el primer lugar en mi vida!
Específicamente te pido que:

DÍA 5: ¿CULPABLE? ¡TODO BIEN!

Antes de comenzar, pensemos...

- *¿De qué manera las enseñanzas de ayer afectaron mis actitudes y conducta durante el día?*
- *¿Qué me gustaría hacer de «otra manera» en el futuro?*

FOCALIZAR

Jesús quiere ser más importante para nosotros que nuestra propia comodidad. Consideremos Lucas 14.27: «Y el que no carga su cruz y me sigue, no puede ser mi discípulo». Debemos cargar nuestra propia cruz, no la de Jesús. Él se ocupó de la suya. Nosotros tenemos que llevar la nuestra.

—Dr. Tony Evans

- *¿Qué significa para un cristiano cargar su cruz?*
- *¿Cuál es la cruz que estás cargando?*

BUSCAR NUEVAS PERSPECTIVAS

Tenemos algunas ideas confusas en cuanto a lo que significa cargar nuestra cruz. Tener un problema de salud, o malos parientes políticos, o vecinos ruidosos no puede considerarse una cruz. ¿Y, entonces, cuál es?

Los romanos fueron los inventores de la crucifixión. Cuando ellos querían exhibir públicamente a un criminal condenado para humillarlo, lo hacían desfilar por las calles llevando el travesaño de su cruz. El cargar la propia cruz hasta el lugar de la ejecución constituía una manifestación pública de que esa persona era culpable del crimen por el que la habían condenado.

Llevar la cruz implica cargar con el vituperio de Jesucristo. Es identificarnos tanto con él, que cuando nos acusen de ser cristianos podamos decir: «Soy culpable». Que cuando nos incriminen el ser sus discípulos, podamos decir: «Me descubrieron».

Cargar nuestra cruz es admitir públicamente que somos culpables del crimen de habernos entregado a Cristo, culpables de haberlo colocado en primer lugar. ¡Culpables!

Llevar la cruz para una jovencita es decirle a su novio: «No puedo dormir contigo porque soy cristiana». Para un comerciante es tener que admitir: «No puedo hacer algo tan falto de ética porque soy un discípulo de Cristo y vivo por una agenda totalmente distinta». Cargar la cruz es morir a nosotros mismos y a nuestros deseos por colocar a Cristo en el primer lugar.

No resulta cómodo cargar la cruz. Cuando admitimos haber cometido el «crimen» de ser cristianos comprometidos, la gente puede querer castigarnos. Puede intentar dirigir su ira contra nosotros. No es una situación cómoda; pero Jesús tiene que ser más importante que nuestra comodidad. —Dr. Tony Evans, *La agenda del reino*

Reflexionar: Según nuestra comprensión, ¿por qué hay tanta gente que entiende mal lo que es llevar la cruz?

Conectar: ¿Estás llevando tu cruz? ¿Cuándo has «cargado con el vituperio de Cristo»?

APLICAR ESAS PERSPECTIVAS
¿En qué me afecta?: Lo más difícil de tener que llevar mi cruz es…

- *¿Qué otras perspectivas hacen aflorar en mí estos pensamientos? ¿Tengo alguna pregunta más con respecto a lo dicho por el Dr. Evans? ¿Se me ocurre alguna otra idea en cuanto a la aplicación personal?*

AVANZAR HACIA UN COMPROMISO
- *Una de las cosas que necesito para ser más audaz en cuanto a llevar mi cruz es:*

- *Para alcanzar una mayor transparencia con el grupo, lo más importante que debería transmitirle es:*

EXAMINAR LA PALABRA

Asegurémonos de analizar aquellas escrituras que se relacionan con llevar nuestra cruz, considerándonos pecadores:
- Marcos 2:15-17
- Lucas 14:25-33
- Gálatas 2:16-21; 6:17

TIEMPO DE ORACIÓN

Amado Señor, dame perseverancia para poder tomar mi cruz cada día. **Específicamente te pido que:**

EL LLAMADO
DE UN DISCÍPULO

3

DÍA 1: DEFINIR NUESTRO LLAMADO

Antes de comenzar, pensemos...
- *¿Cuáles son mis expectativas de aprendizaje para esta semana de estudio?*
- *¿Estoy abierto a adquirir nuevas perspectivas y permitirle a Dios que me conduzca hacia nuevas actitudes y conductas?*

FOCALIZAR

Si descubres cuál es tu llamado (o más bien, si tu llamado te descubre a ti) no tendrás que preocuparte por la muerte. Cuando te llegue el tiempo de morir, estarás listo porque habrás acabado la obra que Dios te encomendó hacer aquí. No estamos en condiciones de morir solo cuando no hemos acabado nuestra tarea. —Dr. Tony Evans

- *¿Has descubierto tu llamado en la vida?*
- *¿Qué habrás alcanzado cuando tu trabajo esté finalmente acabado?*

BUSCAR NUEVAS PERSPECTIVAS

¿Qué queremos decir cuando hablamos de llamado? Nuestro llamado es la misión divina que Dios nos ha encomendado, que arde en nuestro corazón, y para la que nos ha equipado, de modo que su realización produzca gloria para él y un avance del reino.

El llamado divino tiene que ver con la gloria de Dios, con el cumplimiento de la agenda del reino. Esto implica que si nosotros no estamos haciendo avanzar el reino de Dios ni le estamos trayendo gloria, no hemos descubierto aún nuestro llamado. Esta semana analizaremos varios aspectos de lo que es un llamado, eso nos ayudará a darle contenido a nuestra definición.

En primer lugar, el llamado de Dios esta hecho a medida para cada uno. Ha sido diseñado de una manera única para ayudarnos a reflexionar sobre el propósito de Dios para nuestras vidas. Es por esta razón que cada uno tiene que ocuparse de su propia salvación (ver Filipenses 2:12). Esto significa que el desear ser como todos los demás no refleja nuestro llamado. Dios solo tiene una persona como tú o como yo. Si deseara que copiáramos a otro, nos hubiera hecho un gemelo idéntico a esa persona. Dios particulariza su llamado para nuestra vida, de modo que cuando lleguemos al fin de ella podamos decir que hemos acabado la obra que Dios nos dio para que hiciéramos (ver Juan 17:4).

Y aquí encontramos un segundo principio básico sobre nuestro llamado: es más que un trabajo o una carrera. Puede incluir nuestras tareas, pero el llamado no es un sinónimo de nuestro trabajo. Y eso es así porque nuestro llamado incluye también otras áreas, como nuestro matrimonio y nuestra familia, que no se pueden colocar bajo el rubro del empleo. Con todo, nuestra ocupación puede colaborar para que logremos desarrollar algunos aspectos de nuestro llamado.

Pablo confeccionaba tiendas; sin embargo, su llamado era a predicar la Palabra. Dios puede permitirnos tener un trabajo que coopere con el llamado, y de hecho muchas veces lo hace. Pero nuestro llamado es más que nuestro empleo. Es todo lo que Dios tiene en mente para que nosotros podamos traer gloria a su nombre y expandir su reino.

—Dr. Tony Evans, *La agenda del reino*

Reflexionar: ¿Cuáles son las diferencias clave entre un trabajo y un llamado?

Conectar: ¿Hasta qué punto coopera tu trabajo con el desarrollo de ciertos aspectos de tu llamado?

APLICAR ESAS PERSPECTIVAS

¿En qué me afecta?: Cuando se trata de descubrir cuál es mi llamado, yo...

___sé exactamente cuál es.

___tengo una idea bastante aproximada de lo que se trata.

___tengo muchas preguntas con respecto a lo que pudiera ser.

___¿Cómo? ¿Un llamado? ¿De qué se trata?

• *¿Qué otras perspectivas hacen aflorar en mí estos pensamientos? ¿Tengo alguna pregunta más con respecto a lo dicho por el Dr. Evans? ¿Se me ocurre alguna otra idea en cuanto a la aplicación personal?*

AVANZAR HACIA UN COMPROMISO

• *Una de las cosas que necesito para poder entender mejor y llevar adelante mi llamado es:*

• *Un primer paso a dar sería:*

EXAMINAR LA PALABRA

Asegurémonos de analizar aquellas escrituras que se relacionan con nuestro llamado en el reino:

- 1 Corintios 1:26-31
- Efesios 1:3-18
- Hebreos 3:1-14

TIEMPO DE ORACIÓN

Amado Señor, condúceme hacia el área de mi llamado a medida que busco cumplir tu voluntad cada día. **Específicamente te pido que:**

DÍA 2: UN ENCUENTRO CON DIOS

Antes de comenzar, pensemos...
- *¿De qué manera las enseñanzas de ayer afectaron mis actitudes y conducta durante el día?*
- *¿Qué me gustaría hacer de «otra manera» en el futuro?*

FOCALIZAR
Moisés encontró a Dios en medio de una zarza ardiendo porque él fue hasta la montaña de Dios. En otras palabras, Moisés fue al lugar donde habitaba Dios. —Dr. Tony Evans

- *¿Dónde «habita» Dios en tu mundo?*
- *¿Alguna vez llegaste al lugar donde estaba Dios? ¿Qué sucedió?*

BUSCAR NUEVAS PERSPECTIVAS
Recordemos los dos primeros aspectos del llamado: está hecho a medida, y es más que un trabajo. Pero hay una tercera cosa que necesitamos saber sobre él: se basa en el encuentro. Dicho de otro modo, se nos hace tangible solo como resultado de un encuentro con el Dios vivo.

El personaje bíblico que mejor ejemplificó ese aspecto fue Moisés. Dios quería llamar a Moisés para que guiara a Israel fuera de Egipto, pero durante los últimos cuarenta años Moisés se había dedicado a ser un pastor. Había cometido algunos errores, había fracasado, y se había establecido en el último rincón del desierto, para habitar junto con sus ovejas.

Así que allí estaba, cuidando el rebaño de su suegro Jetro (Moisés se había casado con Séfora, una mujer africana. Los madianitas eran una tribu del norte de África). Y llegó a Horeb, «la montaña de Dios» (Éxodo 3:1). Moisés estaba a punto de encontrarse con Dios:

> *Estando allí, el ángel del SEÑOR se le apareció entre las llamas de una zarza ardiente. Moisés notó que la zarza estaba envuelta en llamas, pero que no se consumía, así que pensó: «¡Qué increíble! Voy a ver por qué no se consume la zarza.» Cuando el SEÑOR vio que Moisés se acercaba a mirar, lo llamó desde la zarza: -¡Moisés, Moisés! - Aquí me tienes -respondió (versículos 2-4).*

Si queremos descubrir nuestro llamado, no deambulemos por ahí «llamando y buscando». Vayamos directamente a buscar a Dios. Él sabe dónde quiere que estemos, qué es lo que nos llama a hacer, y cómo desea que lo hagamos. Si queremos descubrir nuestro llamado, busquemos a Dios. Cuando encontramos a Dios, su llamado nos encuentra a nosotros.

Por lo tanto, llegamos a conocer el llamado de Dios para nuestra vida cuando nos relacionamos con él. Si no desarrollamos una relación con él, no tenemos forma de saber cuál es nuestro llamado.

—Dr. Tony Evans, *La agenda del reino*

Reflexionar: Según tu parecer, ¿cuáles son las señales de haber tenido un genuino encuentro con Dios? ¿Siempre que se produce se trata de un hecho espectacular? ¿O a veces puede tener características sosegadas? Explicarlo.

Conectar: Incluye algunas notas acerca de tu propio encuentro con Dios. ¿O todavía lo estás buscando?

APLICAR ESAS PERSPECTIVAS

¿En qué me afecta?: Según mi opinión, «buscar a Dios» implica que yo debo…

* *¿Qué otras perspectivas hacen aflorar en mí estos pensamientos? ¿Tengo alguna pregunta más con respecto a lo dicho por el Dr. Evans? ¿Se me ocurre alguna otra idea en cuanto a la aplicación personal?*

AVANZAR HACIA UN COMPROMISO

- *Una de las cosas que necesito hacer para estar más abierto a la presencia de Dios es:*

- *Un primer paso a dar sería:*

- *Para alcanzar una mayor transparencia con el grupo, lo más importante que debería transmitirle es:*

EXAMINAR LA PALABRA

Asegurémonos de analizar aquellas escrituras que se relacionan con encontrarse con Dios.

- Éxodo 3:1-14
- Isaías 6:1-8
- Hechos 26:1-18

TIEMPO DE ORACIÓN

Amado Señor, despiértame a la realidad de tu presencia. Hazme tomar conciencia de que tú estás ahí. **Específicamente te pido que:**

DÍA 3: ¿NOS POSEE DIOS PLENAMENTE?

Antes de comenzar, pensemos...
* *¿De qué manera las enseñanzas de ayer afectaron mis actitudes y conducta durante el día?*
* *¿Qué me gustaría hacer de «otra manera» en el futuro?*

FOCALIZAR

Pablo dijo: «que cada uno... ofrezca su cuerpo como sacrificio vivo». Eso es un oxímoron; un sacrificio que se entregaba a la muerte. ¿Cómo podemos ser una cosa viva y muerta a la vez? ¿Qué es eso de ser sacrificios vivos?
—Dr. Tony Evans

* *¿Qué sencillos actos de sacrificio propio has realizado últimamente?*
* *¿Cómo te resultó el «morir»?*

BUSCAR NUEVAS PERSPECTIVAS

El apóstol Pablo dijo en Romanos 12:1-2 que si vamos a conocer la voluntad de Dios para nuestra vida, o sea nuestro llamado al reino, entonces, Dios debe poseernos enteramente.

A Dios no lo impresionamos con una visita de dos horas los domingos. Él quiere poseer nuestra vida. Él quiere ser el que esté al mando. Pablo explica, en otro de mis versículos favoritos: «Con Cristo estoy juntamente crucificado, y ya no vivo yo, más vive Cristo en mí; y lo que ahora vivo en la carne, lo vivo en la fe del Hijo de Dios, el cual me amó y se entregó a sí mismo por mí» (Gálatas 2:20, RVR95).

Pablo se consideraba una persona viva y muerta para Dios. Así que si le hubiéramos preguntado: «Pablo, ¿cuáles son tus sueños? », nos hubiera respondido: «No lo sé. La gente muerta no sueña».

-Pablo, ¿cuáles son tus metas?

-No lo sé. La gente muerta no establece metas.

-Pablo, ¿qué de tu futuro?

-La gente muerta no tiene futuro.

Pero si cambiáramos la pregunta y le dijéramos: «Pablo, ¿y qué de las metas de Dios para tu vida?», él nos contestaría: «¡Bueno, de eso sí podemos hablar!» Pablo había definido la totalidad de su vida a través de su compromiso con Jesucristo. Por eso nadie podía intimidarlo.

Algunos venían a Pablo un día y le decían:

-Pablo, te vamos a matar.

Él respondía:

- ¡Fantástico! Para mí el morir es ganancia.

- Bien, entonces te vamos a permitir que vivas.

- ¡Fantástico también! Para mí, el vivir es Cristo.

- Bueno, ya que todo te parece bien, te vamos a golpear y hacerte sufrir.

- ¡Fantástico también! Porque yo considero que los sufrimientos del tiempo presente no son comparables con la gloria que en nosotros ha de manifestarse.

No resultaba posible intimidar a este sujeto. ¡Para él todo era Cristo!

—Dr. Tony Evans, *La agenda del reino*

Reflexionar: ¿Qué te parece que quiere decir el Dr. Evans cuando señala que «las personas muertas no establecen metas»?

Conectar: Hasta donde puedes entender, ¿cuál es la meta de Dios para tu vida?

APLICAR ESAS PERSPECTIVAS

¿En qué me afecta?: ¿Hasta qué punto estoy «muerto» a mi propia vida? Diría que…

___Estoy completamente vivo, ¡y tratando de de disfrutar cada minuto de ella!

___Estoy un poco aturdido, ¡pero todavía vivo!

___He sido herido mortalmente, ¡pero todavía pataleo!

___He estado en el ataúd por años. ¡Gloria a Dios!

• *¿Qué otras perspectivas hacen aflorar en mí estos pensamientos? ¿Tengo alguna pregunta más con respecto a lo dicho por el Dr. Evans? ¿Se me ocurre alguna otra idea en cuanto a la aplicación personal?*

AVANZAR HACIA UN COMPROMISO

- *Una de las cosas que necesito para poder morir un poco más a mí mismo es:*

- *Un primer paso a dar sería:*

- *Para alcanzar una mayor transparencia con el grupo, lo más importante que debería transmitirle es:*

EXAMINAR LA PALABRA

Asegurémonos de analizar aquellas escrituras que se relacionan con el morir a nosotros mismos y vivir en Dios:
- Romanos 6:1-18
- Romanos 12:1-2
- Colosenses 3:1-11

TIEMPO DE ORACIÓN

Amado Señor, ayúdame a comprender que el conducir mi vida siguiendo mis propios criterios no es comparable a entregarte toda mi vida.
Específicamente te pido que:

DÍA 4: ¡NO ESTÁ PERMITIDO NEGOCIAR!

Antes de comenzar, pensemos...
- *¿De qué manera las enseñanzas de ayer afectaron mis actitudes y conducta durante el día?*
- *¿Qué me gustaría hacer de «otra manera» en el futuro?*

FOCALIZAR
Debemos estar dispuestos a hacer la voluntad de Dios antes de que podamos conocer su voluntad. Muchos de nosotros le decimos a Dios: «Muéstrame lo que quieres que haga, y te dejaré saber si estoy dispuesto. Hazme conocer tu plan y te diré si adhiero o no al proyecto».
—Dr. Tony Evans

- *¿Por qué resulta necesario estar dispuestos primero?*
- *¿Qué es lo que nos asusta con respecto a comprometernos con el plan de Dios antes de conocer los particulares? ¿Cuáles son los aspectos gozosos y liberadores de esta actitud?*

BUSCAR NUEVAS PERSPECTIVAS
Mi hija mayor, Cristal, cuando era niña era la señorita de los rompecabezas. Siempre estaba armando *puzzles*. Un día traje a casa un rompecabezas de mil piezas. Cristal estaba fascinada.

Tomó el rompecabezas y se fue a su cuarto, pero regresó un par de horas más tarde, enojada conmigo. «Papá, ¿por qué me has comprado este rompecabezas? ¡Tiene demasiadas piezas! »

La vida es así también. Tiene demasiadas piezas. Si tratamos de armarla por nosotros mismos, nos vamos a frustrar. Si queremos colocar las piezas de nuestra vida en su lugar, es necesario que Dios nos posea. Si queremos que el llamado que nos hace nos resulte claro, debemos tener la disposición a entregarle la vida.

En otras palabras, el plan de Dios no se puede negociar. Dios solo nos revela a qué nos está llamando cuando nos comprometemos a aceptar su plan *por adelantado*.

Cuando entregué mi vida para cumplir el llamado de Dios, a los dieciocho años, no tenía ni idea de lo que el Señor tenía en mente. Todo lo que sabía era esto: «Lo que quieras que haga, Señor, del modo en que quieras que lo haga, en el tiempo en que lo desees y en el lugar que elijas, estoy dispuesto. Soy tu esclavo». En ese momento el Espíritu Santo se hizo cargo de las cosas y Dios comenzó a introducirme a una serie de acontecimientos que me fueron conduciendo hasta este punto de mi vida.

Jesús dice que la forma de encontrar nuestra vida es perdiéndola por él. Cuando lo hacemos, Dios nos revela cuál es nuestro llamado, y el rompecabezas de la vida comienza a encajar.

—Dr. Tony Evans, *La agenda del reino*

Reflexionar: ¿De qué manera conocer (y hacer) la voluntad de Dios se asemeja a un rompecabezas? ¿En qué aspectos difiere?

Conectar: ¿Qué cosas de tu vida se asemejan a un «rompecabezas» en este momento?

APLICAR ESAS PERSPECTIVAS

¿En qué me afecta?: Al pensar en mi vida como un rompecabezas, tendría que señalar que…

___Son demasiadas las piezas en este momento.

___Al presente cuento con pocas piezas.

___Normalmente me faltan algunas de las piezas.

___¡No, esperen! ¡Tengo que comenzar a armar de nuevo este rompecabezas!

• *¿Qué otras perspectivas hacen aflorar en mí estos pensamientos? ¿Tengo alguna pregunta más con respecto a lo dicho por el Dr. Evans? ¿Se me ocurre alguna otra idea en cuanto a la aplicación personal?*

AVANZAR HACIA UN COMPROMISO

- *Una de las cosas que necesito para poder entregarle más de mí mismo a Dios es:*

- *Un primer paso a dar sería:*

- *Para alcanzar una mayor transparencia con el grupo, lo más importante que debería transmitirle es:*

EXAMINAR LA PALABRA

Asegurémonos de analizar aquellas escrituras que se relacionan con rendirnos a Dios (y por adelantado):
- Génesis 22:1-10
- Ester 4:1-16
- Mateo 14:22-33

TIEMPO DE ORACIÓN

Amado Señor, ¡me entrego a ti!. ¡Entrego todo lo que tengo la capacidad de darte! Dirige mi camino hoy, comenzando desde ahora mismo.
Específicamente te pido que:

DÍA 5: ¿ESTAMOS DISPONIBLES TODAVÍA?

Antes de comenzar, pensemos...

- *¿De qué manera las enseñanzas de ayer afectaron mis actitudes y conducta durante el día?*
- *¿Qué me gustaría hacer de «otra manera» en el futuro?*

FOCALIZAR

No sé lo que Dios te ha llamado a hacer. Pero sí sé que él quiere que te acerques y le digas: «Sea lo que fuere que me llames a hacer, lo haré. Solo haz tu llamado». Hazlo, y prepárate para vivir la mayor aventura de tu vida.   —Dr. Tony Evans

- *¿Has descubierto tu llamado en la vida?*
- *¿Qué habrás alcanzado cuando tu trabajo esté finalmente acabado?*

BUSCAR NUEVAS PERSPECTIVAS

Ahora que hemos definido lo que es un llamado dentro de la agenda del reino, y que hemos intentado colocarlo dentro de la perspectiva bíblica correcta, ¿por dónde comenzamos a descubrir nuestro llamado y a cumplir con él?

Filipenses 2:12-13 es otro de esos pasajes creativos que nos ayudan a comprender y a llevar a cabo el llamado de Dios en nuestra vida. Pablo escribió: «Lleven a cabo su salvación con temor y temblor, pues Dios es quien produce en ustedes tanto el querer como el hacer para que se cumpla su buena voluntad».

Notemos lo que Pablo escribió allí. «El trabajo de ustedes no será en vano porque Dios es también el que opera en ustedes». Pablo no se refería a esforzarnos por convertirnos en cristianos. Nosotros no podemos *hacer nada* para convertirnos en cristianos. Pero una vez que hemos sido salvados por la gracia de Dios, él obra *en* nosotros para poder obrar luego *a través* de nosotros.

Así que nosotros obramos y Dios obra. Nuestra responsabilidad es rendirnos a Dios y buscar su voluntad. Y también darnos cuenta de que no vamos a despertar una mañana para descubrir de pronto cuál es nuestro llamado. Tenemos que pasar por un proceso. Pero Dios es el que nos mete en ese proceso.

Se cuenta que un día en que el legendario árbitro de béisbol Bill Klem estaba dirigiendo cerca de la base del bateador local, un jugador corrió para deslizarse sobre una base en medio de una gran nube de polvo. El receptor le arrojó la bola con fuerza, y Klem saltó para pronunciar el veredicto.

Pero titubeo por un segundo, y todos comenzaron a gritar. El jugador que había corrido hasta la base y su equipo gritaban que él había llegado a salvo. El receptor y su equipo gritaban que el otro estaba fuera de juego. Todos los jugadores rodeaban a Klem, gritando: «¡A salvo!» «¡Fuera de juego!» «¡A salvo!» «¡Fuera de juego!»

Klem, que era conocido por dirigir los juegos con mano de hierro, les gruñó: «¡Aquí nadie está a salvo o fuera de juego hasta que yo lo digo!»

Bill Klem estaba en lo cierto. La definición le corresponde a aquel que está a cargo de la situación. Nuestra responsabilidad es *estar disponibles para Dios por si él desea llamarnos.* Cuando confiamos en él, en lugar de fiarnos de nuestra propia comprensión de las cosas (ver Proverbios 3:5), él nos muestra paso a paso, momento a momento, lo que espera que hagamos, y dónde.

—Dr. Tony Evans, *La agenda del reino*

Reflexionar: ¿Qué significa, en términos prácticos, estar «disponibles» para Dios?

Conectar: ¿Cómo puedes saber si estás disponible para Dios? ¿Generalmente que sucede en esas ocasiones?

APLICAR ESAS PERSPECTIVAS

¿En qué me afecta?: El grado de mi disponibilidad para Dios en estos momentos está en…

___Nivel uno: solo me ocupo de mis propias cosas.

___Nivel dos: a veces escucho la voz de Dios.

___Nivel tres: generalmente estoy alerta para escuchar la guía de Dios.

___Nivel cuatro: Estoy completamente involucrado con las actividades del reino.

- *¿Qué otras perspectivas hacen aflorar en mí estos pensamientos? ¿Tengo alguna pregunta más con respecto a lo dicho por el Dr. Evans? ¿Se me ocurre alguna otra idea en cuanto a la aplicación personal?*

AVANZAR HACIA UN COMPROMISO

- *Una de las cosas que necesito para estar más disponible para Dios es:*

- *Para alcanzar una mayor transparencia con el grupo, lo más importante que debería transmitirle es:*

EXAMINAR LA PALABRA

Asegurémonos de analizar aquellas escrituras que se relacionan con nuestra disponibilidad hacia Dios:
- 1 Samuel 3:1-10
- Salmo 46:1-10
- Gálatas 1:15-18

TIEMPO DE ORACIÓN

Amado Señor, quiero vivir más cerca de ti cada día. Ayúdame a estar más disponible para poder seguir tu guía diariamente en mi vida. **Específicamente te pido que:**

LA FORMA DE PENSAR DE UN DISCÍPULO

4

DÍA 1: ¡NO PERMITAMOS QUE NUESTRA MENTE DIVAGUE!

Antes de comenzar, pensemos...
- *¿Cuáles son mis expectativas de aprendizaje para esta semana de estudio?*
- *¿Estoy abierto a adquirir nuevas perspectivas y permitirle a Dios que me conduzca hacia nuevas actitudes y conductas?*

FOCALIZAR

Tu mayor problema, y el mío, no es lo que hacemos. Nuestro mayor problema es nuestro modo de pensar. Para poder transformar lo que hacemos, primero debemos transformar nuestra manera de pensar. El escritor de Proverbios lo expresa en las siguientes palabras: «Porque cuáles son sus pensamientos íntimos, tal es él (el hombre)».

—Dr. Tony Evans

- *¿Qué es lo que ocupa tu mente la mayor parte del tiempo?*
- *¿En qué cosas te gustaría pensar un poco más?*

BUSCAR NUEVAS PERSPECTIVAS

Una razón por la que el mal de Alzheimer resulta una enfermedad tan terrible es porque tiende a producir como efecto características de deshumanización en sus víctimas. La verdad es que cuando uno pierde las capacidades de la mente, casi todo lo demás se va con ello.

Una gran cantidad de creyentes sufren de Alzheimer espiritual. Esta enfermedad se manifiesta en el deterioro de la adecuada capacidad de utilizar la mente de Cristo (a lo que vamos a llamar la mentalidad del reino) y que debería operar en la vida de cada creyente. El resultado de esto es una vida que no está más debajo del control de Cristo.

Recuerdo que cuando estaba en mi etapa de crecimiento como niño, y hacía algo inaceptable, mi madre me decía: «Muchacho, utiliza tu cabeza para otros propósitos que no se limiten simplemente a colocarle el sombrero».

Me llamaba a poner mi mente en funcionamiento. Un cristiano que sufre de Alzheimer espiritual pierde la capacidad de aplicar la mente espiritual a su vida diaria. Se olvida de pensar en términos de la agenda del reino. Desarrolla una mente secular, y cuando alguien tiene una mente secular hace las cosas secularmente y desarrolla hábitos de este mundo.

Un cristiano que tiene mente secular comenzará a visualizar la vida cristiana como imposible. Sentirá que no hay forma de vivir a la altura de los santos parámetros de Dios. Arrojará la toalla y dirá «no puedo» cuando Dios le exija «debes hacerlo». Quedará a merced del sistema de este mundo.

Necesitamos hablar sobre la mente en relación con la agenda del reino de Dios porque si podemos lograr que nuestras mentes trabajen adecuadamente, nuestros cuerpos las van a acompañar. La mente es la clave de nuestro ser entero, y por eso el mayor desafío que enfrentamos hoy es desarrollar una mentalidad del reino; una manera de pensar acorde con el reino al que hemos comenzado a pertenecer.

—Dr. Tony Evans, *La agenda del reino*

Reflexionar: ¿Qué significa tener la mente «enganchada» en el reino?

Conectar: ¿Qué partes de tu mente parecen funcionar de acuerdo con el reino? ¿Qué partes necesitan ser sometidas al control de Dios?

APLICAR ESAS PERSPECTIVAS

¿En qué me afecta?: ¿Me gustaría contarle a Jesús acerca de todos los pensamientos que pasaron por mi mente ayer?

- *¿Qué otras perspectivas hacen aflorar en mí estos pensamientos? ¿Tengo alguna pregunta más con respecto a lo dicho por el Dr. Evans? ¿Se me ocurre alguna otra idea en cuanto a la aplicación personal?*

AVANZAR HACIA UN COMPROMISO

- *Una de las cosas que necesito para poder desarrollar una mentalidad del reino es:*

- *Un primer paso a dar sería:*

- *Para alcanzar una mayor transparencia con el grupo, lo más importante que debería transmitirle es:*

EXAMINAR LA PALABRA

Asegurémonos de analizar aquellas escrituras que se relacionan con desarrollar la mente de un discípulo:
- Salmo 19:12-14
- Isaías 26:3
- Mateo 15:10-20

TIEMPO DE ORACIÓN

Amado Señor, ¡transforma mi mente! Llévame a pensar con tus pensamientos hoy. **Específicamente te pido que:**

DÍA 2: ¿Y QUÉ APARECE EN PANTALLA?

Antes de comenzar, pensemos...
- *¿De qué manera las enseñanzas de ayer afectaron mis actitudes y conducta durante el día?*
- *¿Qué me gustaría hacer «de otra manera» en el futuro?*

FOCALIZAR

¡Lo primero que debemos comprender acerca de la mentalidad del reino es la *necesidad* que tenemos de desarrollarla! Puesto que Dios es un ser trascendente y diferenciado de su creación, su acercamiento y análisis de las cuestiones no es el mismo que el nuestro. Por esa razón, tenemos que desarrollar una mentalidad como la del Rey.

—Dr. Tony Evans

- *¿Alguna vez te diste cuenta de pronto que Dios pensaba un poco diferente a lo que piensas tú?*
- *¿Alguna vez agradeciste que Dios no haya respondido uno de tus pedidos?*

BUSCAR NUEVAS PERSPECTIVAS

Necesitamos desarrollar una mentalidad del reino, es decir la manera de pensar del reino, para que podamos enfrentar las cuestiones de la vida con la mente de Dios. Sea que hablemos de matrimonio, sexo, dinero, hijos, o cualquier otro tema, el pensamiento de Dios sobre esas cuestiones resultará diferente del enfoque que el mundo les da.

Y la forma en que configuremos nuestra mente determinará que alcancemos victoria o acabemos en derrota en la vida. Lo que sembremos en nuestra mente brotará a través de nuestra boca, manos, pies. El cuerpo expresará solo lo que tengamos en la mente.

La importancia de configurar nuestras mentes según las cosas de Cristo se puede ilustrar con lo que sucede cuando vemos televisión. ¿Qué es lo que nos decimos a nosotros mismos cuando nos sentamos frente al televisor? «Estoy cansado. Quiero darle un descanso a mi mente, así que sólo voy a "distenderme" y mirar televisión porque no quiero pensar».

Pero el problema es que no apagamos nuestra mente cuando miramos televisión. Ese aparato tiene formas de colocar cosas en nuestras mentes y de determinar la manera en que pensamos. La televisión no le provee material neutral a nuestro cerebro. Programa la mente.

Aquellas cosas que nos conducen a Cristo cambian nuestro comportamiento, y las que nos alejan de Cristo también. Solo podemos vivir como Cristo vivió cuando pensamos como Cristo pensó. Solo podemos vivir como Cristo quiere que vivamos cuando pensamos como él. Esto implica cultivar una mentalidad del reino.

—Dr. Tony Evans, *La agenda del reino*

Reflexionar: En tu opinión, ¿cuál es la dimensión del problema que la televisión representa para un creyente que desea desarrollar la mentalidad del reino?

Conectar: ¿De qué manera mirar televisión afecta tu propio crecimiento espiritual en este tiempo?

APLICAR ESAS PERSPECTIVAS
¿En qué me afecta?: Me siento frente al televisor durante…
____0 horas por día.
____1 hora por día.
____2-3 horas por día.
____4-6 horas por día.
____7-8 horas por día.
____9 horas por día, o más.

En términos generales el efecto que parece tener sobre mí es…

- *¿Qué otras perspectivas hacen aflorar en mí estos pensamientos? ¿Tengo alguna pregunta más con respecto a lo dicho por el Dr. Evans? ¿Se me ocurre alguna otra idea en cuanto a la aplicación personal?*

AVANZAR HACIA UN COMPROMISO

- *Una de las cosas que necesito para poder cultivar una mentalidad del reino es:*

- *Un primer paso a dar sería:*

- *Para alcanzar una mayor transparencia con el grupo, lo más importante que debería transmitirle es:*

EXAMINAR LA PALABRA

Asegurémonos de analizar aquellas escrituras que se relacionan con la mente de Dios:

- Isaías 55:8-9
- Filipenses 2:5-11
- Romanos 8:5-7

TIEMPO DE ORACIÓN

Amado Señor, necesito ayuda para permitir que entren los pensamientos correctos en mi mente. **Específicamente te pido que:**

DÍA 3: GOBERNAR EL CENTRO DE CONTROL

Antes de comenzar, pensemos...
- *¿De qué manera las enseñanzas de ayer afectaron mis actitudes y conducta durante el día?*
- *¿Qué me gustaría hacer de «otra manera» en el futuro?*

FOCALIZAR

Si queremos conocer la voluntad de Dios, debemos permitirle controlar la onda de nuestros pensamientos. La mente es al alma lo que el cerebro al cuerpo: el centro de control. Así que si actuamos como tontos, es porque pensamos como tontos. Y si actuamos de acuerdo con el reino, guiándonos por una agenda del reino, es porque pensamos con una mentalidad del reino.
—Dr. Tony Evans

- *¿Qué tipo de pensamientos necios has notado en ti?*
- *¿Alguna vez has podido cambiar tus acciones a través de cambiar tus pensamientos?*

BUSCAR NUEVAS PERSPECTIVAS

Cuando Lois y yo nos conocimos, no le gusté mucho que digamos. Cuando le hablaba, me respondía a medias. Ella se mostraba inaccesible, y hacía cosas para demostrarlo. Así que yo supe que tenía que lograr llegar a su mente.

Resucité el antiguo rap que acostumbrara recitar en las calles de Baltimore, y empecé a hacerlo fluir hacia los oídos de Lois. Yo «rapeaba» y trataba de serle atractivo a través de esa clase de cosas.

Recuerdo que una vez fuimos a caminar cerca de la casa de Lois y nos detuvimos junto a una escollera contra la que golpeaban las olas. Era al atardecer, y comenzaban a salir las estrellas. Yo las iba nombrando y señalando las constelaciones; lo hacía en forma de rap para impresionar a Lois. Recuerdo que señalé una estrella y le dije: «Probablemente esa estrella esté posada sobre mi ciudad natal de Baltimore, Maryland, en este preciso momento».

¡Contarles todas estas cosas debería hacerme sentir incómodo! En esos momentos, yo no tenía ni idea de las cosas que decía. Pero a pesar de ello, mi relación con Lois pasó por distintas etapas en lo que hace a su pensamiento. Fue de *«No me gusta»* a *«Es pasable»*. Así que seguí procurando modificar su pensamiento un poquito más.

Luego evolucionó de «*Es pasable*» a «*No está tan mal*». El próximo estadio fue «*Empieza a gustarme*». Luego fue «*Estoy enamorada de él*», y de allí pasó a «*Quiero quedarme con este muchacho*». Una vez que logré su aceptación mental, la obtuve a ella, y ha estado a mi lado desde entonces.

El punto que quiero señalar es que cuando cambiamos nuestro pensamiento, podemos cambiar las emociones y las acciones.

Así que si realmente queremos pensar como Dios, vivir en victoria, y conocer la voluntad de Dios, modifiquemos primero nuestra manera de pensar. La mentalidad del reino resulta indispensable para llegar a tener una vida del reino.

—Dr. Tony Evans, *La agenda del reino*

Reflexionar: ¿Qué aspectos de la historia del Dr. Evans te han gustado? ¿Qué cosas de ella apelan directamente a ti?

Conectar: ¿Alguna vez alguien trató de «modificar tu pensamiento» de la manera en que el Dr. Evans lo hizo con su futura esposa? ¿Qué sucedió?

APLICAR ESAS PERSPECTIVAS
¿Qué cosas he permitido que entraran en mi mente hasta aquí en este día? ¿Qué cosas permitiré que entren durante el resto del día?

- *¿Qué otras perspectivas hacen aflorar en mí estos pensamientos? ¿Tengo alguna pregunta más con respecto a lo dicho por el Dr. Evans? ¿Se me ocurre alguna otra idea en cuanto a la aplicación personal?*

AVANZAR HACIA UN COMPROMISO

- *Una de las cosas que necesito para poder manejar mejor el «centro de control» de mi alma es:*

- *Un primer paso a dar sería:*

- *Para alcanzar una mayor transparencia con el grupo, lo más importante que debería transmitirle es:*

EXAMINAR LA PALABRA

Asegurémonos de analizar aquellas escrituras que se relacionan con la forma correcta de pensar:
- Romanos 12:3
- 1 Corintios 13
- Filipenses 4:8

TIEMPO DE ORACIÓN

Amado Señor, te pido que me ayudes a fijar la mente en ti este día, y en tu bondad, amor y gracia. **Específicamente te pido que:**

DÍA 4: ¡CUIDADO CON EL ENEMIGO!

Antes de comenzar, pensemos...
- *¿De qué manera las enseñanzas de ayer afectaron mis actitudes y conducta durante el día?*
- *¿Qué me gustaría hacer de «otra manera» en el futuro?*

FOCALIZAR
La mentalidad del reino es un campo de batalla. Y una de las maneras en que Satanás construye sus fortalezas en nuestra mente es manteniéndonos esclavos del pasado. Podemos ir a casi cualquier iglesia en los Estados Unidos y obtener una respuesta masiva de la gente cuando pedimos que levanten la mano aquellos que todavía están luchando con algo que les sucedió años atrás, o aun el día anterior.
—Dr. Tony Evans

- *¿De qué manera se asemeja la mente de una persona a una zona de guerra?*
- *¿Qué batallas se libran en tu mente en el día de hoy?*

BUSCAR NUEVAS PERSPECTIVAS
Satanás utiliza en nosotros tres terribles estrategias de ataque contra la mentalidad del reino. Una de ellas es *usar el pasado en nuestra contra*. Por ejemplo, podemos haber sido maltratados por alguno de nuestros padres, y ese abuso sigue arruinándonos la vida aun cuando ese padre ya haya muerto hace tiempo. O tal vez sean nuestros pecados pasados los que nos persiguen. Cualquiera sea el caso, Satanás intenta usarlo para construir una fortaleza en nuestra mente.

Una segunda estrategia de Satanás es *llevarnos a pecar hoy*. A menudo nos hace ver el pecado como algo bastante placentero, para que planeemos cometerlo. Si estamos atrapados por algún pecado que ejerce una influencia controladora sobre nuestra vida, le estamos proveyendo al diablo suficiente material como para que construya una vasta fortaleza.

Una tercera estrategia de guerra que usa Satanás es *hacernos fantasear sobre pecar en el futuro*. Esos son pecados ocultos porque nadie los conoce, solo nosotros. Pero jugamos con ellos en nuestra imaginación.

En el Sermón del Monte, Jesús dijo que si fantaseamos acerca de matar a alguien, o de cometer adulterio, desde la perspectiva de Dios es lo mismo que si hubiéramos cometido el acto. El punto es que Dios no solo quiere poner en orden lo que hacemos, sino aquellas cosas que imaginamos hacer. Él quiere tratar con nuestras fantasías.

Ahora bien, ninguno de nosotros puede afirmar que haya salido ileso de cualquiera de estas tres estrategias de ataque. Satanás sabe dónde atacar a cada uno, pero nosotros contamos con las armas divinas capaces de derribar las fortalezas del diablo.

Lo que Dios desea que hagamos es llevar cada pensamiento cautivo a Cristo (ver 2 Corintios 10:5). De este modo, Cristo quiere controlar y poseer nuestras mentes para que todo pensamiento que tengamos sea dictado y dominado por él, y dirigido hacia él. Eso es pensar con una mentalidad del reino.

—Dr. Tony Evans, *La agenda del reino*

Reflexionar: ¿Por qué son generalmente tan eficaces las estrategias de ataque de Satanás?

Conectar: El Dr. Evans afirma que Satanás sabe dónde atacarnos a cada uno de nosotros. ¿Cuál es tu punto vulnerable?

APLICAR ESAS PERSPECTIVAS

¿En qué me afecta?: De entre las tres estrategias de ataque de Satanás, ¿cuál parece producir el mayor daño en mi mente?

___Usar el pasado en mi contra.

___Hacer que el pecado me parezca placentero ahora.

___Llevarme a fantasear acerca de pecados futuros.

- *¿Qué otras perspectivas hacen aflorar en mí estos pensamientos? ¿Tengo alguna pregunta más con respecto a lo dicho por el Dr. Evans? ¿Se me ocurre alguna otra idea en cuanto a la aplicación personal?*

AVANZAR HACIA UN COMPROMISO

- *Una de las cosas que necesito para poder resistir a Satanás es:*

- *Un primer paso a dar sería:*

- *Para alcanzar una mayor transparencia con el grupo, lo más importante que debería transmitirle es:*

EXAMINAR LA PALABRA

Asegurémonos de analizar aquellas escrituras que se relacionan con los ataques del diablo:

- Génesis 3:1-7
- Isaías 14:12-20
- 1 Pedro 5:8-11

TIEMPO DE ORACIÓN

Amado Señor, dame el valor para enfrentar los ataques de Satanás hoy. **Específicamente te pido que:**

DÍA 5: ¡ES TIEMPO DE QUE DESARROLLEMOS UN PENSAMIENTO ACORDE CON EL REINO!

Antes de comenzar, pensemos...

- *¿De qué manera las enseñanzas de ayer afectaron mis actitudes y conducta durante el día?*
- *¿Qué me gustaría hacer de «otra manera» en el futuro?*

FOCALIZAR

De acuerdo con Colosenses 3:15, las buenas noticias son que cuando nos comprometemos a determinar nuestra mente por la de Cristo, él nos da su paz. Aun cuando estemos empeñados en una batalla con el enemigo por la posesión de nuestra mente, nuestros pensamientos no tienen por qué entrar en confusión. —Dr. Tony Evans

- *¿Cómo podemos luchar sin entrar en confusión?*
- *¿Qué es descansar en la paz del Señor? ¿La has experimentado?*

BUSCAR NUEVAS PERSPECTIVAS

Puede ser que alguien me diga: «Bueno, Tony, sé que necesito controlar la esfera de mis pensamientos. Sé que debo llevar mis pensamientos cautivos a la obediencia a Cristo. Sé que necesito ser renovado en mi mente, para poder pensar con la mente de Cristo. Pero, ¿cómo lo hago?».

Quiero que nos respondamos juntos esa pregunta a partir de Colosenses 3, que es un capítulo poderoso que habla acerca de desarrollar una mentalidad del reino.

En primer lugar, debemos fijar nuestra mente en Cristo. El apóstol les dice a los cristianos, en Colosenses 3:1-2:

Ya que han resucitado con Cristo, busquen las cosas de arriba, donde está Cristo sentado a la derecha de Dios. Concentren su atención en las cosas de arriba, no en las de la tierra.

Luego, en Colosenses 3:5-9, Pablo continúa mostrándoles algunos de los resultados de establecer un pensamiento según el de Cristo. Ellos podrán entonces dejar de lado las antiguas prácticas tales como la avaricia, la ira o la mentira porque «se han quitado el ropaje de la vieja naturaleza con sus vicios, y se han puesto el de la nueva naturaleza» (vs. 9-10).

Cuando trabajamos al aire libre o hacemos trabajo de jardinería y luego nos damos una ducha, ¿volvemos a ponernos la ropa transpirada? Esas prendas estaban bien mientras nos hallábamos dentro de ellas, sudando. ¿Por qué no nos resultan adecuadas ahora? Porque nos hemos quitado la suciedad.

Ahora, si no le prestamos mucha atención al hecho de que nos hemos bañado, entonces la ropa que nos pongamos no tiene demasiada importancia. Pero una vez que tomamos conciencia de que estamos limpios, queremos vestirnos de un modo que refleje esa nueva condición.

Lo mismo sucede con la mente. Una vez que Jesucristo nos ha limpiado con su sangre, no necesitamos volver a colocarnos los viejos patrones mentales nunca más. Como creyentes *tenemos* la mente de Cristo. Solo debemos desarrollar la disciplina de aprender a pensar con una mentalidad del reino.

—Dr. Tony Evans, *La agenda del reino*

Reflexionar: ¿Qué significa vestirnos con «la nueva naturaleza»?

Conectar: ¿Cómo te has «limpiado» a través de los años en que has andado con Cristo?

APLICAR ESAS PERSPECTIVAS

¿En qué me afecta?: Algunas de las áreas de mi vida en las que necesito «pensar con mentalidad del reino» son:

1.
2.
3.
4.
5.

• *¿Qué otras perspectivas hacen aflorar en mí estos pensamientos? ¿Tengo alguna pregunta más con respecto a lo dicho por el Dr. Evans? ¿Se me ocurre alguna otra idea en cuanto a la aplicación personal?*

AVANZAR HACIA UN COMPROMISO

- *Una de las cosas que necesito para poder revertir mi viejo esquema mental es:*

- *Un primer paso a dar sería:*

- *Para alcanzar una mayor transparencia con el grupo, lo más importante que debería transmitirle es:*

EXAMINAR LA PALABRA

Asegurémonos de analizar aquellas escrituras que se relacionan con la transformación de nuestra mente.
- Proverbios 3:13-26
- 2 Corintios 5:17
- Efesios 4:20-27

TIEMPO DE ORACIÓN

Amado Señor, ¡ayúdame a despojarme de mis viejas vestiduras hoy! **Específicamente te pido que:**

LA MAYORDOMÍA
EN UN DISCÍPULO

5

DÍA 1: ¿EN QUÉ ESTADO SE ENCUENTRA NUESTRA MAYORDOMÍA?

Antes de comenzar, pensemos...
- *¿Cuáles son mis expectativas de aprendizaje para esta semana de estudio?*
- *¿Estoy abierto a adquirir nuevas perspectivas y permitirle a Dios que me conduzca hacia nuevas actitudes y conductas?*

FOCALIZAR
Necesitamos recordar una cosa: Cristo va a asegurarse de que los recursos de su reino no se desperdicien. Si fallamos en cuanto a aprovechar las oportunidades de servicio en el reino, Cristo se las dará a algún otro y nosotros saldemos perdiendo. —Dr. Tony Evans

- *¿Alguna vez has sentido que permitiste que se perdiera una oportunidad de servicio que Dios te ofrecía?*
- *¿Cómo te das cuenta de que Dios te está llamando a realizar una tarea?*

BUSCAR NUEVAS PERSPECTIVAS
Lois y yo acostumbrábamos cuidar casas de familias ricas cuando estábamos en el seminario, en Dallas. Las familias generalmente nos permitían hacernos cargo del lugar, pero, en tanto que teníamos la gran oportunidad de disfrutarlo, también había limitaciones muy definidas a ese disfrute. Cada familia tenía reglas que querían que siguiéramos mientras estaban ausentes. Y nosotros estábamos de acuerdo en cumplirlas, porque no era nuestro hogar aquel en el que nos alojábamos.

Puesto dentro del contexto de este libro, el hogar que cuidábamos era el reino de la familia propietaria de ese inmueble. Lois y yo éramos los mayordomos de ese hogar, los administradores temporarios. Pertenecía a alguien más, y por lo tanto, teníamos que movernos de acuerdo con su agenda, y no con la nuestra.

Nuestra tarea consistía simplemente en administrar esa propiedad que otras personas habían confiado a nuestro cuidado, lo que, según la definición bíblica, constituye una mayordomía. Un elemento clave para poder desarrollar la agenda del reino de Dios es ejercer una buena mayordomía de sus dones.

En Lucas 19:11-27, Jesús expone una parábola poderosa sobre la mayordomía del reino. En ella establece los lineamientos sobre los cuales nosotros, como mayordomos de Dios, debemos actuar en representación del reino, y es por ellos que será evaluada luego nuestra mayordomía.

Un hombre de la Nobleza se fue a un país lejano para ser coronado rey y luego regresar. Llamó a diez de sus siervos y entregó a cada cual una buena cantidad de dinero. Les instruyó: «Hagan negocio con este dinero hasta que yo vuelva» (Lucas 19:12-13).

Resulta obvio que en la parábola, Cristo es el hombre de la Nobleza que se va a reclamar el reino. Él lo ha ganado en virtud de su victoria en el Calvario. El «país distante» es el cielo, del que él regresará un día para establecer su reino visible durante el milenio.

Pero mientras tanto el Rey nos ha dejado algo para administrar, y nos ha encomendado manejarlo bien hasta que él regrese.

—Dr. Tony Evans, *La agenda del reino*

Reflexionar: En tus propias palabras, da una definición de lo que es la mayordomía cristiana.

Conectar: ¿En qué áreas de tu vida eres un buen administrador de las propiedades de Dios?

APLICAR ESAS PERSPECTIVAS

¿En qué me afecta?: En el punto de la vida en que estoy, evaluaría el nivel de mi mayordomía como:

1	2	3	4	5	6	7	8	9	10

Desperdicio de los recursos de Dios   *Utilización sabia de los recursos de Dios*

¿Qué pruebas indican que esto sea así?

- *¿Qué otras perspectivas hacen aflorar en mí estos pensamientos? ¿Tengo alguna pregunta más con respecto a lo dicho por el Dr. Evans? ¿Se me ocurre alguna otra idea en cuanto a la aplicación personal?*

AVANZAR HACIA UN COMPROMISO

- *Una de las cosas que necesito para poder convertirme en un buen mayordomo es:*

- *Un primer paso a dar sería:*

- *Para alcanzar una mayor transparencia con el grupo, lo más importante que debería transmitirle es:*

EXAMINAR LA PALABRA

Asegurémonos de analizar aquellas escrituras que se relacionan con administrar las propiedades de Dios:
- Génesis 41:48-54
- Lucas 16:1-13
- Hebreos 13:5-7

TIEMPO DE ORACIÓN

Amado Señor, ayúdame a dedicar más tiempo a alabarte y agradecerte por la manera tan sabia en que gobiernas el Universo entero.
Específicamente te pido que:

DÍA 2: NUESTRA RESPONSABILIDAD ES «HASTA QUE ÉL VUELVA»

Antes de comenzar, pensemos...
- *¿De qué manera las enseñanzas de ayer afectaron mis actitudes y conducta durante el día?*
- *¿Qué me gustaría hacer de «otra manera» en el futuro?*

FOCALIZAR

¿Cuál es la razón por la que los chicos gastan dinero todo el tiempo? Porque el único día que ellos pueden visualizar es el de hoy. Si se les da la posibilidad de obtener lo que desean, la mayoría de los adolescentes lo adquiere sin preocuparse por la posibilidad de quedarse sin un centavo para la semana siguiente. Los chicos no toman en serio las inversiones porque no se toman el futuro en serio. —Dr. Tony Evans

- *¿Eres bueno haciendo un presupuesto de tu dinero?*
- *¿Tomas con seriedad el futuro?*

BUSCAR NUEVAS PERSPECTIVAS

Permítanme decir que aquí nos encontramos con una razón importante por la que algunos creyentes viven desordenadamente. No creen seriamente que el Dueño va a volver y preguntarles acerca de lo que han hecho con el tiempo, talentos y bienes que él les ha confiado como mayordomos.

Aunque un mayordomo no es el dueño de lo que se le ha dado, sin embargo es responsable de administrarlo hasta que el propietario regrese. En la parábola de Lucas 19, el dueño les dio a sus diez esclavos un talento a cada uno para que hicieran negocios con él. Un talento era una cantidad de dinero que equivalía al salario de tres meses de un trabajador común de esos días. Así que constituía una suma bastante substancial; estos esclavos tenían algo importante en sus manos con lo que trabajar.

Por favor, notemos que cada esclavo tenía la misma cantidad. ¿Por qué es importante esto? Porque esta parábola habla de algo que todos tenemos en igual medida: es aquello a lo que yo llamo el potencial de nuestra vida.

El potencial de vida que tenemos se puede clasificar en tres categorías: tiempo, talentos y bienes. Alguien me podría decir: «Pero, espera, Tony. Puedo ver que todos estamos igualados en cuanto al tiempo, porque todos contamos con las mismas 24 horas cada día. Pero, ¿no hay una diferencia en términos de talentos y bienes entre persona y persona?»

Es verdad que la gente difiere en cuanto a sus habilidades y recursos. Pero ése no es el punto que quiere señalar Jesús aquí. El tema es la igualdad que se da en las situaciones. Cada esclavo tenía la misma suma de dinero, y cada uno tenía iguales oportunidades de hacer algo bueno con su talento. Dios nos ha dado a cada uno un potencial de vida.

¿Qué clase de negocios quiere Cristo que nosotros realicemos con el tiempo, los talentos y los bienes que nos ha confiado?

En una palabra, lo que necesitamos es invertir, y no simplemente gastar. Demasiados de nosotros estamos endeudados hasta las orejas, porque gastamos, gastamos, gastamos. Así que debemos, debemos, debemos.

—Dr. Tony Evans, *La agenda del reino*

Reflexionar: ¿A qué llama el Dr. Evans «igualdad de situaciones»? ¿Estás de acuerdo con esta concepción de las cosas?

Conectar: ¿Cómo describirías el «potencial de vida» que Dios te ha dado?

APLICAR ESAS PERSPECTIVAS
¿En qué me afecta?: Según mi experiencia, mayormente tiendo a (dibujar un círculo alrededor): gastar / invertir.
Lo noto porque...

- *¿Qué otras perspectivas hacen aflorar en mí estos pensamientos? ¿Tengo alguna pregunta más con respecto a lo dicho por el Dr. Evans? ¿Se me ocurre alguna otra idea en cuanto a la aplicación personal?*

AVANZAR HACIA UN COMPROMISO

- *Una de las cosas que necesito para poder crecer en el área de invertir en el reino hasta que Jesús vuelva es:*

- *Un primer paso a dar sería:*

- *Para alcanzar una mayor transparencia con el grupo, lo más importante que debería transmitirle es:*

EXAMINAR LA PALABRA

Asegurémonos de analizar aquellas escrituras que se relacionan con el regreso de Cristo (para pedirnos cuentas):
- Malaquías 3:2
- Mateo 25:14-30
- Lucas 12:35-48

TIEMPO DE ORACIÓN

Amado Señor, muéstrame cómo invertir en tu reino hoy. **Específicamente te pido que:**

DÍA 3: ¡LA EVALUACIÓN DE NUESTRA FORMA DE CONDUCIRNOS SE APROXIMA!

Antes de comenzar, pensemos...

- *¿De qué manera las enseñanzas de ayer afectaron mis actitudes y conducta durante el día?*
- *¿Qué me gustaría hacer de «otra manera» en el futuro?*

FOCALIZAR

Cuando el Rey regrese, solo va a evaluar a sus siervos por lo que él les ha dado. Así que no importa cuánto tengamos en términos de recursos y capacidades, no importa lo larga que haya sido nuestra vida, la cuestión es que Jesucristo no nos comparará con ninguna otra persona. Solo seremos evaluados con referencia a lo que él nos ha dado.

—Dr. Tony Evans

- *¿Esta declaración del Dr. Evans nos reconforta y produce aliento?*
- *¿Qué desafíos encontramos para nosotros aquí?*

BUSCAR NUEVAS PERSPECTIVAS

Todos somos sometidos a algún tipo de revisión anual en nuestro trabajo. ¿Por qué realizan las empresas esta revisión? Porque los patrones quieren saber cómo ha sido el desempeño de los empleados. El tiempo de esos empleados durante ocho horas al día, o sea cuarenta horas a la semana, le pertenece al patrón. Son mayordomos. Tienen que seguir su agenda, ya que aceptan su dinero para realizar un trabajo. Así que la revisión le provee al jefe la oportunidad de descubrir hasta que punto esos trabajadores han resultado productivos para la compañía.

También llegará un tiempo de evaluación para los mayordomos de Jesucristo. Retomemos la parábola de Lucas 19:15: «...fue nombrado rey (el hombre de la nobleza) Cuando regresó a su país, mandó llamar a los siervos a quienes había entregado el dinero, para enterarse de lo que habían ganado».

El retorno de este noble hace referencia a la venida de Cristo, momento en que él llamará a su pueblo a dar cuenta con respecto a su mayordomía. Entonces la cuestión será: «¿De qué modo se benefició mi empresa a través de lo que te he dejado?»

Muchos de nosotros podremos mostrar de qué manera los dones de Dios nos han beneficiado. Pero ese no es el punto. La cuestión es cómo le ha ido a los negocios del Rey bajo nuestra administración. ¿Ha salido ganando el Rey? ¿Se ha producido un adelanto en su agenda? Es bueno que los mayordomos obtengan beneficios si el Rey los ha obtenido también, pero esa es una cuestión secundaria.

La Biblia llama al día de evaluación de los mayordomos del reino «el tribunal de Cristo». En ese día de evaluación, a través del fuego de Jesucristo «la obra de cada uno se hará manifiesta» (1 Corintios 3:13a RVR95), «porque ese día vendrá con fuego, y el fuego probará *la clase de trabajo* que cada uno haya hecho» (3:13b DHH, énfasis del autor).

—Dr. Tony Evans, *La agenda del reino*

Reflexionar: ¿En qué se parece el regreso de Cristo a la revisión de rendimiento de una empresa?

Conectar: ¿Cuál es tu reacción ante la idea de que Jesús juzgue tu trabajo para él?

APLICAR ESAS PERSPECTIVAS

¿En qué me afecta?: Si pudiera echar un vistazo a mi archivo personal hoy (en preparación para la «revisión de rendimiento» que se realizará ante el tribunal de Cristo) imagino que el Jefe evaluaría y recomendaría:

___Por debajo de los niveles requeridos. Encontrar un reemplazante.

___Tarea de rendimiento medio. Retiene su empleo.

___¡Buena tarea! Está listo para ser promovido a un trabajo de mayor responsabilidad.

- *¿Qué otras perspectivas hacen aflorar en mí estos pensamientos? ¿Tengo alguna pregunta más con respecto a lo dicho por el Dr. Evans? ¿Se me ocurre alguna otra idea en cuanto a la aplicación personal?*

AVANZAR HACIA UN COMPROMISO

- *Una de las cosas que necesito para asegurarme de que los negocios del Rey prosperen bajo mi gestión es:*

- *Un primer paso a dar sería:*

- *Para alcanzar una mayor transparencia con el grupo, lo más importante que debería transmitirle es:*

EXAMINAR LA PALABRA

Asegurémonos de analizar aquellas escrituras que se relacionan con la evaluación de nuestra mayordomía:
- 1 Corintios 3:10-16
- 2 Corintios 5:10-11
- 1 Timoteo 6:6-12

TIEMPO DE ORACIÓN

Amado Señor, quiero que los negocios de tu reino prosperen bajo mi mayordomía. Ayúdame a administrar bien. **Específicamente te pido que:**

DÍA 4: ¡CONSIDEREMOS LAS RECOMPENSAS!

Antes de comenzar, pensemos...
- *¿De qué manera las enseñanzas de ayer afectaron mis actitudes y conducta durante el día?*
- *¿Qué me gustaría hacer de «otra manera» en el futuro?*

FOCALIZAR
Cierto día, hablando con una parienta mía, le pregunté por qué había dedicado su vida a ciertas cosas. Su respuesta fue: «A causa de aquel día. Lo hago todo a la luz del día en que tendré que estar de pie delante de Cristo. Quiero oír de él un «¡Bien hecho!»

—Dr. Tony Evans

- *¿Alguna vez has oído que tu padre o madre te dijeran «¡Bien hecho!»*
- *¿Cómo será escuchar esas palabras de parte de Jesús?*

BUSCAR NUEVAS PERSPECTIVAS
Recién cuando comprendemos lo que es la mayordomía, lo que implican nuestras responsabilidades, y la realidad de que seremos probados al respecto, podemos hablar de las recompensas de la mayordomía.

El hombre de la nobleza de Lucas 19 ha regresado de su viaje y está dispuesto a llamar a sus siervos a rendir cuentas de la manera en que han usado sus talentos. El primer siervo viene y le dice: «Señor, su dinero ha producido diez veces más» (v.,16). ¡Eso significa un incremento del mil por ciento! Obviamente, este hombre ha invertido bien el dinero de su amo. El mayordomo podría decir: «Amo, he tomado lo que me diste y lo he invertido, y he disfrutado haciéndolo. Mira lo que tengo para ti».

¿Qué le dice el amo (o sea Dios) a este hombre que ha usado lo que se le ha dado de manera tan eficaz para el reino? Recibe una recompensa triple. La primera recompensa es el reconocimiento público: el «¡Hiciste bien!» de su amo, anunciado en público (v. 17) No habrá nada como escuchar a Jesús decirnos, cuando nos presentemos ante su tribunal, «¡Hiciste bien!» Lo va a manifestar públicamente. Millones lo van a escuchar.

La segunda recompensa que recibe ese fiel mayordomo es una herencia dentro del reino. Su Amo le dice: «Puesto que has sido fiel en tan poca cosa, te doy el gobierno de diez ciudades» (v. 17).

La mayor parte de la gente tiene una perspectiva equivocada del reino. No andaremos flotando por allí montados en las nubes. El reino será un gobierno que opere en perfecta justicia. Habrá personas en puestos de autoridad que serán los siervos fieles que Jesús tuvo sobre la tierra.

De la misma manera en que un trabajador idóneo resulta promovido, así los mayordomos fieles de Cristo serán promovidos en el reino. Algunos administrarán diez ciudades.

Pero aquel mayordomo fiel recibe una tercera recompensa, que constituye una sorpresa, un beneficio extra. Podemos descubrirlo en el versículo 24. ¡Busquémoslo en la Biblia ahora mismo!

—Dr. Tony Evans, *La agenda del reino*

Reflexionar: ¿Cuál es la tercera recompensa?

Conectar: ¿En qué tiendes a concentrarte más, en el juicio de Dios o en las recompensas que él te concederá? ¿Por qué?

APLICAR ESAS PERSPECTIVAS

¿En qué me afecta?: Me imagino parado ante Jesús. Él me sonríe y me habla de mi recompensa. La palabra que viene a mi mente para describir la forma en que me mira es:_____.

- *¿Qué otras perspectivas hacen aflorar en mí estos pensamientos? ¿Tengo alguna pregunta más con respecto a lo dicho por el Dr. Evans? ¿Se me ocurre alguna otra idea en cuanto a la aplicación personal?*

AVANZAR HACIA UN COMPROMISO

- *Una de las cosas que necesito para poder apreciar el corazón de Jesús, generoso y dispuesto a recompensarnos, es:*

- *Un primer paso a dar sería:*

- *Para alcanzar una mayor transparencia con el grupo, lo más importante que debería transmitirle es:*

EXAMINAR LA PALABRA

Asegurémonos de analizar aquellas escrituras que se relacionan con nuestra recompensa celestial:

- Mateo 19:23-30
- 1 Tesalonicenses 4:9-18
- Apocalipsis 22:1-5

TIEMPO DE ORACIÓN

Amado Señor, tú esperas poder recompensarme por toda mi dedicación a tu reino. Guárdame del desaliento y la frustración. **Específicamente te pido que:**

DÍA 5: ¿QUÉ ESTAMOS CONSTRUYENDO PARA EL FUTURO?

Antes de comenzar, pensemos...
- *¿De qué manera las enseñanzas de ayer afectaron mis actitudes y conducta durante el día?*
- *¿Qué me gustaría hacer de «otra manera» en el futuro?*

FOCALIZAR

Las únicas «propiedades» que van a contar ante el tribunal de Cristo serán el tiempo, talentos y bienes que hayamos invertido en las cosas de valor eterno. Lo que pese será todo aquello que hayamos hecho para el avance del reino.
—Dr. Tony Evans

- *¿Cómo te hace sentir el saber que algún día tendrás que dejar todo?*
- *¿Cuánto valoras las cosas que no tendrás que dejar aquí: el tiempo, los talentos y los bienes que hayas invertido en Cristo?*

BUSCAR NUEVAS PERSPECTIVAS

Me encanta el juego Monopolio™ porque me permite poseer tierra. Puedo jugar a que soy Donald Trump, comprando y vendiendo propiedades. Y si alguna vez llego a jugar con ustedes, será mejor que no me permitan tomar posesión de los paseos y parques. Porque si puedo comprar bastantes invernaderos, voy a convertir esos espacios en dos grandes hoteles rojos. El valor de las propiedades entonces subirá, y será mejor que ustedes logren saltar sobre mis propiedades y conseguir otros doscientos dólares que les permitan realizar la maniobra de continuar.

Porque yo voy a estar ahí, esperando caerles encima...

Pero permítanme mostrarles la parte más difícil de jugar al Monopolio™. Viene cuando el juego termina. En ese momento hay que renunciar a todas las propiedades y dinero imaginarios, cerrar la caja, y volver al mundo real.

Algún día alguien nos va a cerrar la caja. Tendremos que dejar este mundo y entrar en el mundo real, es decir, en el reino de Dios. Allí deberemos mostrar lo que realmente hemos adquirido, y las únicas cosas aceptables en ese día serán las que hayamos enviado delante de nosotros y no las que hayan quedado atrás.

Tal vez alguien diga: «Tony, quiero hacer las cosas lo mejor posible en lo que respecta a mi mayordomía, pero me he venido arrastrando delante de Dios, y quejándome desalentado. ¿Qué puedo hacer?»

Tenemos que hacer lo que hace un corredor cuando se queda atrás en una carrera. Recuperar un buen paso de marcha. No podemos preocuparnos por el camino ya recorrido. El ayer se ha ido, pero podemos retomar la marcha hoy para que nos sea posible cubrir más terreno mañana.

—Dr. Tony Evans, *La agenda del reino*

Reflexionar: ¿Cuál es el mundo real? ¿En qué se diferencia de este mundo?

Conectar: ¿Qué es lo que se requiere para que seamos capaces de enviar delante del mundo real nuestras cosas valiosas?

APLICAR ESAS PERSPECTIVAS

¿En qué me afecta?: Según entiendo, ¿qué cosas he estado enviando por adelantado al mundo real? Las incluyo en esta lista:

1.

2.

3.

4.

5.

• *¿Qué otras perspectivas hacen aflorar en mí estos pensamientos? ¿Tengo alguna pregunta más con respecto a lo dicho por el Dr. Evans? ¿Se me ocurre alguna otra idea en cuanto a la aplicación personal?*

AVANZAR HACIA UN COMPROMISO

- *Una de las cosas que necesito para poder dejar el desaliento y las quejas delante de Dios es:*

- *Un primer paso a dar sería:*

- *Para alcanzar una mayor transparencia con el grupo, lo más importante que debería transmitirle es:*

EXAMINAR LA PALABRA

Asegurémonos de analizar aquellas escrituras que se relacionan con hacer tesoros en el cielo:
- 1 Samuel 2:7-9
- Mateo 6:19-33
- Marcos 10:17-27

TIEMPO DE ORACIÓN

Amado Señor, necesito perseverancia y coraje para concentrarme en el mundo real y acumular mis tesoros allí. **Específicamente te pido que:**

EL LEGADO QUE RECIBE
UN DISCÍPULO

6

DÍA 1: LA AGENDA DEL REINO Y NUESTRA HERENCIA

Antes de comenzar, pensemos...

- *¿Cuáles son mis expectativas de aprendizaje para esta semana de estudio?*
- *¿Estoy abierto a adquirir nuevas perspectivas y permitirle a Dios que me conduzca hacia nuevas actitudes y conductas?*

FOCALIZAR

Si nuestro Dr. nos dijera que solo nos queda un año de vida, sospecho que cambiaríamos unas cuantas cosas. Nos gustaría ver aquellos lugares que nunca visitamos. Solucionaríamos los problemas que quedaron pendientes con aquellas relaciones que se han roto. El conocer el futuro afectaría mucho nuestro comportamiento en el presente. Del mismo modo, el poder anticipar cómo será el futuro reino de Cristo modificaría la manera en que vivimos ahora. —Dr. Tony Evans

- *¿Si supieras que solo te queda un año de vida, qué planes harías para él?*
- *¿Qué aspecto de tu estilo de vida cambiarías de inmediato?*

BUSCAR NUEVAS PERSPECTIVAS

Tenemos un gran futuro por delante. Un día, el reino invisible se va a volver universalmente visible, cuando Jesucristo regrese a la tierra y establezca su reinado de mil años. Jesús va a conducir este planeta de la manera en que Dios planeó que se gobernara desde el mismo momento en que creó a Adán.

Como vemos, el primer Adán fue creado para gobernar, pero en lugar de gobernar sobre la creación, la creación tomó dominio sobre él a partir de que el pecado entró en el mundo. Pero cuando Jesús regrese como el postrer Adán, hará lo que el primer Adán no hizo. Gobernará la tierra, y junto con él gobernará un grupo de gente como colaboradores o copartícipes de su labor. Se trata de un grupo selecto dentro del reino que, si se me permite decirlo así, gobernará junto con Cristo. Nuestro llamado y servicio presentes nos preparan para ese día. Se nos está haciendo aptos para heredar el reino.

Ahora mismo Dios está seleccionando sus ministros principales, sus gobernadores, alcaldes, miembros del consejo de la ciudad y otros. Y tenemos la oportunidad de estar entre esos colaboradores.

¿Sobre quiénes gobernarán estos colaboradores? La Biblia nos enseña que, al mismo tiempo que los creyentes muertos resucitan y los creyentes vivos son transformados para entrar al reino, habrá una inmensa cantidad de gente sobre la tierra que se trasladará al reino (ver Isaías 65:21-25).

Las cosas serán muy diferentes entonces, porque cualquier pecado, crimen o rebelión que sea descubierto será tratado rápidamente y con total justicia. Existirá una administración eficaz y eficiente en los distintos niveles de gobierno para poder llevar a cabo el gobierno teocrático de Dios a través de Jesucristo.

Gobernar junto con Jesucristo constituirá un privilegio glorioso para cualquier creyente. ¿Recordamos a los siervos de la parábola de Lucas 19? Al más fiel se le otorgaron diez ciudades para gobernar. ¡Eso sí que es una herencia!

—Dr. Tony Evans, *La agenda del reino*

Reflexionar: ¿Cómo piensas que será el gobernar juntamente con Cristo?

Conectar: ¿Qué lugar te gustaría ocupar en el reino durante el milenio? ¡Descríbelo!

APLICAR ESAS PERSPECTIVAS

¿En qué me afecta?: Cuando pienso en el advenimiento del reino en forma visible:

— Me hace bostezar. «¿Qué tiene que ver con mi vida diaria?»
— Me hace desearlo. «Por favor, cuéntenme más acerca de él?»
— Me lleva a exclamar: «¡Qué venga a nosotros ahora!»

- *¿Qué otras perspectivas hacen aflorar en mí estos pensamientos? ¿Tengo alguna pregunta más con respecto a lo dicho por el Dr. Evans? ¿Se me ocurre alguna otra idea en cuanto a la aplicación personal?*

AVANZAR HACIA UN COMPROMISO

- *Una de las cosas que necesito para poder prepararme como colaborador es:*

- *Un primer paso a dar sería:*

- *Para alcanzar una mayor transparencia con el grupo, lo más importante que debería transmitirle es:*

EXAMINAR LA PALABRA

Asegurémonos de analizar aquellas escrituras que se relacionan con heredar el reino:
- Isaías 65:21-25
- Romanos 5:17
- Apocalipsis 20:1-6

TIEMPO DE ORACIÓN

Amado Señor, mantén el reino ante mi mente de ahora en más. ¡Quiero ser un colaborador! **Específicamente te pido que:**

DÍA 2: LOS COLABORADORES DEL REINO SON SIERVOS

Antes de comenzar, pensemos...
- *¿De qué manera las enseñanzas de ayer afectaron mis actitudes y conducta durante el día?*
- *¿Qué me gustaría hacer de «otra manera» en el futuro?*

FOCALIZAR
Los discípulos entraron al aposento alto con esta actitud: «¿Dónde está el sirviente que va a lavar nuestros pies? Nosotros no lo vamos a hacer. Necesitamos un esclavo por aquí». Jesús dijo: «No tenemos un esclavo aquí hoy. Creo que yo seré el esclavo». Así que aquel que era el mayor de todos se convirtió en el siervo de todos. —Dr. Tony Evans

- *¿Alguna vez esperaste que alguien te sirviera?*
- *¿Cuándo elegiste libremente ser tú el que sirviera?*

BUSCAR NUEVAS PERSPECTIVAS
Después de haber hablado sobre semejante futuro glorioso en el que tendremos la oportunidad de gobernar con Cristo en su reino durante el milenio, nos resulta muy fácil comenzar a actuar como aquellos que están al comando hoy. La Biblia nos da la solución a ese impulso. Según Mateo 20:21, la madre de Santiago y Juan vino y se inclinó ante Jesús para hacerle un pedido: «Ordena que en tu reino uno de estos dos hijos míos se siente a tu derecha y el otro a tu izquierda».

Como toda buena madre, ella quería que sus hijos alcanzaran lo máximo. Deseaba que ocuparan los lugares de honor a ambos lados de Jesús cuando él asumiera el trono en el reino del milenio.

Pero notemos lo que Jesús les dijo a los hermanos: «... el sentarse a mi derecha o a mi izquierda no me corresponde concederlo. Eso ya lo ha decidido mi Padre» (v. 23).

Lo que Jesús les quiso decir es que nosotros ahora estamos siendo preparados para la gloria futura. Dios ha determinado la ubicación que quiere darnos a cada uno dentro de su reino. Y él nos permite experimentar diversas cosas durante esta vida, que nos prepararán para lo que ha planeado para nosotros en el reino.

Los discípulos probablemente se dirían entre sí: «Seguro que debe ser muy bueno parecerse al César. Porque entonces uno es el patrón y puede decirle a todo el mundo lo que tiene que hacer».

Pero Jesús revirtió este tipo de pensamientos en la mente de ellos. Les dijo que si querían ser reconocidos como grandes en el reino venidero, deberían convertirse en siervos durante el tiempo presente. Si no somos siervos ahora (ver Juan 13:15) no experimentaremos la gloria posterior. Si nuestra agenda solo consta de: «¿Qué es lo que has hecho por mí últimamente, Señor?», entonces no mereceremos el papel de colaboradores en su reino.

—Dr. Tony Evans, *La agenda del reino*

Reflexionar: ¿Por qué resulta tan importante aprender a servir?

Conectar: El Dr. Evans dice que Dios nos permite experimentar ciertas cosas para prepararnos para el papel que nos tocará desempeñar en el reino. ¿Has tenido algún tipo de «experiencia preparatoria» últimamente?

APLICAR ESAS PERSPECTIVAS
¿En qué me afecta?: Al considerar mi actitud con respecto a mi condición de siervo, tengo que calificarme con este puntaje:

1	2	3	4	5	6	7	8	9	10

Mayormente disfruto   *Mayormente disfruto*
de ser servido   *de servir*

- *¿Qué otras perspectivas hacen aflorar en mí estos pensamientos? ¿Tengo alguna pregunta más con respecto a lo dicho por el Dr. Evans? ¿Se me ocurre alguna otra idea en cuanto a la aplicación personal?*

AVANZAR HACIA UN COMPROMISO

- *Una de las cosas que necesito para poder crecer en mi disposición a servir a otros es:*

- *Un primer paso a dar sería:*

- *Para alcanzar una mayor transparencia con el grupo, lo más importante que debería transmitirle es:*

EXAMINAR LA PALABRA

Asegurémonos de analizar aquellas escrituras que se relacionan con el servicio a los demás:

- Juan 13:1-17
- Mateo 20:25-28
- Hebreos 13:2

TIEMPO DE ORACIÓN

Amado Señor, muéstrame las formas en que quieres que te sirva. **Específicamente te pido que:**

DÍA 3: LOS COLABORADORES
SOBRELLEVAN EL SUFRIMIENTO

Antes de comenzar, pensemos...
- *¿De qué manera las enseñanzas de ayer afectaron mis actitudes y conducta durante el día?*
- *¿Qué me gustaría hacer de «otra manera» en el futuro?*

FOCALIZAR

La tragedia de muchos de los que sufren es que se rehúsan a ser receptores de la gracia de Dios. ¿Recordamos lo que dice Hebreos 4:16? Si necesitamos ayuda, hay un trono al que podemos acudir para obtener misericordia y gracia. Cuando llevamos nuestros sufrimientos al trono, recibimos la gracia para poder manejar las situaciones.

—Dr. Tony Evans

- *¿Qué clase de sufrimientos has experimentado en tu vida a través de los años?*
- *¿Qué tal es «recibir la gracia para poder manejar el sufrimiento»?*

BUSCAR NUEVAS PERSPECTIVAS

La iglesia de Tesalónica era una fuente de gozo para el apóstol Pablo por la manera en que esos cristianos respondían al evangelio, y por su constancia en medio de los sufrimientos. Él les dijo:

> *Así que nos sentimos orgullosos de ustedes ante las iglesias de Dios por la perseverancia y la fe que muestran al soportar toda clase de persecuciones y sufrimientos. Todo esto prueba que el juicio de Dios es justo, y por tanto él los considera dignos de su reino, por el cual están sufriendo (2 Tesalonicenses 1:4-5).*

Notemos lo que Pablo quiso decir. Cuando sufrimos por el reino, se nos considera dignos del reino, así que seremos recompensados en el reino. En otras palabras, para llegar a ser colaboradores de la gloria de Cristo en su futuro reino, necesitamos ser participantes de sus sufrimientos aquí en la Tierra (ver 1 Pedro 4:13).

No es el mensaje que la mayoría de nosotros desearía escuchar. Queremos oír acerca de reinar con Cristo. Queremos escuchar sobre la gloria del reino y la fiesta de las bodas.

Bueno, esas son cosas fantásticas sobre las que hablar. Pero la herencia completa les llega a aquellos que están dispuestos a padecer por Cristo ahora. Nos sé qué sufrimientos pueda pedirnos que soportemos. Pero sean físicos, emocionales, espirituales, matrimoniales, o de cualquier otra índole, él nos puede dar la gracia no solo para soportarlos, sino aun para encontrar su gozo en medio de ellos.

Esa es la diferencia entre una persona que se queja cuando tiene una lastimadura y el cristiano que se regocija en el Señor cuando padece un cáncer terminal. Pablo les dijo a los tesalonicenses que aquellos que sufren por Cristo son los considerados dignos del reino. Cuando nos sintamos en aflicción por asumir la causa de Dios, sepamos que eso no pasará desapercibido en el cielo.

—Dr. Tony Evans, *La agenda del reino*

Reflexionar: ¿Qué diferencia hay entre sufrir y «sufrir por el reino»?

Conectar: ¿Qué sufrimientos te llama a padecer Cristo en estos días?

APLICAR ESAS PERSPECTIVAS
¿En qué me afecta?: ¿Podré disfrutar del gozo del Señor en medio de sufrimientos futuros que me puedan sobrevenir? ¿Cómo lo sé?

- *¿Qué otras perspectivas hacen aflorar en mí estos pensamientos? ¿Tengo alguna pregunta más con respecto a lo dicho por el Dr. Evans? ¿Se me ocurre alguna otra idea en cuanto a la aplicación personal?*

AVANZAR HACIA UN COMPROMISO

- *Una de las cosas que necesito para poder crecer en mi capacidad de gozarme en medio de los sufrimientos es:*

- *Un primer paso a dar sería:*

- *Para alcanzar una mayor transparencia con el grupo, lo más importante que debería transmitirle es:*

EXAMINAR LA PALABRA

Asegurémonos de analizar aquellas escrituras que se relacionan con los sufrimientos del cristiano:
- Mateo 11:28-30
- 1 Pedro 3:13-4.6
- 1 Pedro 4:12-19

TIEMPO DE ORACIÓN

Amado Señor, dame el valor para enfrentar mis sufrimientos hoy. ¡Necesito saber que estás conmigo! **Específicamente te pido que:**

DÍA 4: LOS COLABORADORES
DEBEN SER SINCEROS

Antes de comenzar, pensemos...
- *¿De qué manera las enseñanzas de ayer afectaron mis actitudes y conducta durante el día?*
- *¿Qué me gustaría hacer de «otra manera» en el futuro?*

FOCALIZAR
Pablo señala en 1 Corintios 3:13 que el fuego del juicio de Dios probará nuestras obras para examinar su calidad. Va a haber llanto ante el tribunal de Cristo cuando algunos creyentes vean que sus obras son quemadas y que, en cambio, otros creyentes reciben la plena herencia del reino.   —Dr. Tony Evans

- *¿Qué crees que determina la «calidad» de nuestras obras?*
- *¿Cómo podemos desarrollar actitudes y acciones de calidad durante nuestra vida?*

BUSCAR NUEVAS PERSPECTIVAS
Permítanme señalar otro de los sellos distintivos de los colaboradores del reino. Son sinceros en su deseo de servir y agradar al Señor. Sabemos que es casi imposible mantenernos siempre en contacto con nuestras motivaciones más profundas y lograr que todo el tiempo sean completamente puras. Pero yo hablo de las personas que sinceramente desean agradar a Dios y viven según la agenda del reino.

Nuestra sinceridad en cuanto al servicio resulta crucial porque, como ya lo hemos mencionado varias veces, llegará el día en que los creyentes nos tendremos que presentar delante de Cristo.

Pablo habla de eso en el versículo siguiente: «Porque es necesario que todos comparezcamos ante el tribunal de Cristo, para que cada uno reciba lo que le corresponda, según lo bueno o malo que haya hecho mientras vivió en el cuerpo» (2 Corintios 5:10).

Había un tribunal, o sede *bema*, para los Juegos Ístmicos, en Corinto (que constituían una antigua versión de las Olimpiadas), ante el que se presentaban los atletas luego de competir. Ante ese tribunal recibían su premio.

Pablo utilizó el mismo término para describir el tribunal de Cristo. La intención que motivaba a Pablo era agradar al Señor, de modo que no quedara descalificado por sus acciones y perdiera luego la recompensa que le correspondía por servir a Cristo.

Cuando debamos presentarnos delante de Cristo, y la luz refulgente de su gloria brille sobre nuestras vidas, nos sentiremos contentos de haber sido sinceros y no falsos en cuanto a nuestras motivaciones. Porque Cristo evaluará las obras que hayamos hecho, las palabras que hayamos dicho, y las intenciones que se escondan tras ellas.

En ese día, lo que hayamos hecho y el *por qué* lo hayamos hecho se verá con claridad meridiana. No habrá dudas ni posibilidad de malentendidos. Se conocerá, según la expresión del famoso comentarista radial Paul Harvey, «el resto de la historia».

—Dr. Tony Evans, *La agenda del reino*

Reflexionar: ¿En qué se diferencia un acto sincero de uno falso?

Conectar: ¿Alguna vez has realizado algo bueno pero por motivaciones incorrectas? ¿Qué sucedió?

APLICAR ESAS PERSPECTIVAS
¿En qué me afecta?: ¿Son sinceras mis palabras, obras y motivaciones? ¿Cómo lo sé?

- *¿Qué otras perspectivas hacen aflorar en mí estos pensamientos? ¿Tengo alguna pregunta más con respecto a lo dicho por el Dr. Evans? ¿Se me ocurre alguna otra idea en cuanto a la aplicación personal?*

AVANZAR HACIA UN COMPROMISO

- *Una de las cosas que necesito para poder desarrollar una mayor sinceridad tanto con Dios como con los demás es:*

- *Un primer paso a dar sería:*

- *Para alcanzar una mayor transparencia con el grupo, lo más importante que debería transmitirle es:*

EXAMINAR LA PALABRA

Asegurémonos de analizar aquellas escrituras que se relacionan con la sinceridad:

- Lucas 3:7-11
- Filipenses 1:9-11
- Colosenses 3:23-24

TIEMPO DE ORACIÓN

Amado Señor, ¡continúa purificando mis motivaciones! **Específicamente te pido que:**

DÍA 5: LOS COLABORADORES PERSEVERAN

Antes de comenzar, pensemos...
- *¿De qué manera las enseñanzas de ayer afectaron mis actitudes y conducta durante el día?*
- *¿Qué me gustaría hacer de «otra manera» en el futuro?*

FOCALIZAR

Necesitamos del resto del cuerpo de Cristo si vamos a ser colaboradores. ¿Por qué? Porque si no recibimos aliento vamos a quedar al costado del camino. Sin el ánimo que nos provee el cuerpo, seremos mucho más susceptibles a los engaños del pecado. —Dr. Tony Evans

- *¿Qué es lo que necesitas para continuar haciendo las cosas correctas?*
- *¿Quién es la persona que más te ha ayudado?*

BUSCAR NUEVAS PERSPECTIVAS

El pecado es engañoso. Nos hace creer que es nuestro mejor amigo. Solo que después descubrimos que es el responsable de nuestra muerte.

Los colaboradores, aquellos que participan del reino, toman con seriedad su perseverancia, y mantienen su fe «firme hasta el final». Los colaboradores son los que permanecen.

Todos nosotros encontramos baches en el camino. Dios no habla acerca de cuando nos hemos quedado atascados en la ruta. Él habla de cuando decidimos dar marcha atrás. Eso es lo que hizo Israel. Los hebreos llegaron hasta los límites de la tierra prometida pero luego dieron marcha atrás y se volvieron al desierto, en dirección a Egipto.

¿Qué hace falta para que tomemos con seriedad la cuestión de ser personas del reino, que viven según una agenda del reino, y esperan alcanzar una herencia del reino? En primer lugar, requiere dedicación. Tenemos que establecer esto como nuestra meta y no permitir que nada nos detenga o nos haga retroceder.

En segundo lugar, ser un colaborador requiere disciplina. «Esmérate en seguir la justicia», le dijo Pablo a Timoteo (ver 1 Timoteo 6:11 y 2 Timoteo 2:22). Dios nos ayuda, pero él no ejerce la disciplina en nuestro lugar. Nosotros debemos decir: «No voy a permitir que mis ojos miren aquello que me tienta a pecar. No voy a andar rondando alrededor que lo que me lleva al pecado. Elijo evitar todo eso».

Finalmente, un rasgo esencial del colaborador es la dependencia, la comprensión de que no puede hacer las cosas por sí mismo. Resultan demasiado difíciles. El asunto es muy grande como para encararlo por uno mismo. Y por eso cada día que vivimos debemos caer de rodillas delante de Dios y decir: «Dios, no puedo amar a este marido. No puedo tener paciencia con estos niños. No puedo tolerar a mi compañero de trabajo. Pero te agradezco que hoy tú puedas amar a estas personas a través de mí. Dependo de ti en este día».

—Dr. Tony Evans, *La agenda del reino*

Reflexionar: ¿En qué momento sentiste que tu vida espiritual se había «atascado»? ¿En qué momento decidiste «poner la marcha atrás»?

Conectar: ¿Cuál ha sido para ti la cosa más difícil de soportar durante las últimas semanas o meses?

APLICAR ESAS PERSPECTIVAS

¿En qué me afecta?: Lo que más necesito cuando se trata de perseverancia es:
— Dedicación: Necesito establecer mejores metas y ceñirme a ellas.
— Disciplina: Necesito esforzarme por evitar las cosas que me tientan.
— Dependencia: Necesito dejar de intentar hacer todo por mí mismo.

* *¿Qué otras perspectivas hacen aflorar en mí estos pensamientos? ¿Tengo alguna pregunta más con respecto a lo dicho por el Dr. Evans? ¿Se me ocurre alguna otra idea en cuanto a la aplicación personal?*

AVANZAR HACIA UN COMPROMISO

- *Una de las cosas que necesito para poder crecer en perseverancia es:*

- *Para alcanzar una mayor transparencia con el grupo, lo más importante que debería transmitirle es:*

EXAMINAR LA PALABRA

Asegurémonos de analizar aquellas escrituras que se relacionan con la perseverancia:

- 2 Corintios 4:5-18
- Hebreos 3:12-4:1
- Santiago 5:10-11

TIEMPO DE ORACIÓN

Amado Señor, ayúdame a perseverar, aun cuando me encantaría simplemente darme por vencido. **Específicamente te pido que:**

Otros libros de esta serie:

La agenda del reino - *Comunidad renovada* - Líder
La agenda del reino - *Comunidad renovada* - Guía para el alumno

La agenda del reino - *Iglesia victoriosa* - Líder
La agenda del reino - *Iglesia victoriosa* - Guía para el alumno

La agenda del reino - *Perspectiva bíblica* - Líder
La agenda del reino - *Perspectiva bíblica* - Guía para el alumno

La agenda del reino - *Familia saludable* - Líder
La agenda del reino - *Familia saludable* - Guía para el alumno

por el Dr. Tony Evans

Nos agradaría recibir noticias suyas.
Por favor, envíe sus comentarios sobre este libro
a la dirección que aparece a continuación.
Muchas gracias.

EDITORIAL VIDA
7500 NW 25th Street, Suite 239
Miami, Florida 33122

Vida@zondervan.com
http://www.editorialvida.com